Thomas Preston

Samurai-Geist

Der Weg eines Kriegers in den japanischen Kampfkünsten

Werner Kristkeitz Verlag

Sehr geehrter Leser,

Wir unterrichten Sie gern über unser weiteres Verlags- und Versandprogramm aus den Bereichen östliche Weisheit — Budō — Zen

Schreiben Sie an:

Werner Kristkeitz Verlag
Heltenstr. 1 — D-6906 Heidelberg-Leimen

ISBN 3 921508 38 X

Inhalt

Erinnerungen eines alten Samurai

Was interessiert denn schon junge Samurai an den umständlichen Weitschweifigkeiten eines alten Mannes? Die Erfahrungen, die er so sorgsam, ja liebevoll gesammelt hat, werden doch erst dann interessant, wenn die lebende Generation nicht länger den Anblick seines altersschwachen Leibes zu ertragen hat. Erst dann, wenn er schon lange tot ist, wird man ein Interesse entdecken an seiner Weisheit, die zu vermitteln er sich zu Lebzeiten abmühte. Es ist die Weisheit unserer Vorfahren, herauskristallisiert aus über 800 Jahren harter Kämpfe.

Wir Japaner sind ein grausames Volk. Zusammengepfercht wie Ratten in Käfigen, holte sich jeder sein Stückchen Land, und zwar ausschließlich durch unbarmherzige Kämpfe. Wenn nur wenig Land zur Verfügung steht und viele Leute dies Land begehren, dann wird nur der Kämpfer überleben, um es zu bebauen, so er nicht gerade mit dem Kämpfen beschäftigt ist.

Und gekämpft haben wir Japaner seit Menschengedenken. In China, wo sehr viel mehr Land als in Japan zur Verfügung steht, rechnete man die Kriegskaste zum Abschaum der Menschheit. In Japan dagegen wurden wir Krieger in eine Führerrolle hineingedrängt, denn nur mit der Führungskunst der Krieger können wir überleben.

Im 5. und 6. Jahrhundert erlernten japanische Pilger von chinesischen Raufbolden Schwert- und Speertechniken. Unsere unfeinen Vorfahren waren dann sehr schnell bei der Hand, wenn es um die Übernahme dieser Kampftechniken ging. So lieferten die ausgelernten Pilger, bewandert sowohl in buddhistischer Tradition wie in jeglicher Kampftechnik, unseren angehenden Kriegern eine breite Vielfalt, aus der auszusuchen und zu verbessern war. Die frühen Landkämpfe der Nara- und Heian-Zeit zwischen gierigen Klöstern und unerschrockenen Landbesitzern boten dann unseren Mönchen und Samurai ein weites Betätigungsfeld, die neu erlernten Techniken zu testen. Aber erst mit Einigung des Landes durch Tokugawa Ieyasu und dem relativen Frieden, den seine Tyrannei uns immerhin gebracht hat, konnten wir endlich einmal Luft holen und einen zweiten Blick auf unsere sorgfältig gepflegten Kampfkünste werfen.

Große Schulen schossen wie Pilze aus dem Boden, und wir gewöhnten uns an, von den »Schülern der XY-Schule« oder von der »XY-Kampftechnik« zu sprechen. Der Friede über unserem Land erlaubte die Disziplin des »Musha-Shugyō«, die Disziplin eines überaus geübten Samurai also. Dazu reiste man über das Land, besuchte berühmte Schulen und forderte deren beste Kämpfer heraus. Man machte endlich Anleihen bei den Techniken der anderen und ließ sich auch selbst in die Karten schauen. Endlich hatten wir einmal Zeit, voneinander zu lernen. Das »Nimm deinen Speer und dein Schwert und zieh in die Schlacht« wich einem »Der Vertreter der Shin-kage-ryū(-Schule) fordert den Vertreter der Omori-ryū zu einem Kampf auf Leben und Tod, um seine Techniken weiter zu verbessern und zu verfeinern.«

Im Anfang praktizierten wir die Schwertziehtechniken des Iai auch alleine und übten zu zweit Schwert-Katas. Einen Kampf entschieden wir schon einmal mit einem Holzschwert (Bokutō), um zu sehen, wie gut wir unsere Lektion gelernt hatten. Dieses gegenseitige Testen führte jedoch zu vielen Tötungen und bösen Verletzungen. So wurden immer noch die Reihen der tapferen Krieger eines Daimyō empfindlich gelichtet, die er in die Schlacht schicken konnte. Dies zwang uns, sanftere Waffen zu entwickeln und für den freien Kampf Holzschwerter aus aufgesplittetem Bambus zu verwenden. Solche Praxis ermöglichte es endlich, daß die besten Kämpfer ohne Schaden überlebten, und auch die fleißigsten von ihnen liefen nicht mehr Gefahr, als Krüppel zu enden.

So haben wir endlich jetzt, in der Tokugawa-Ära, die best- und höchstentwickelten Kampfschulen der Welt, kurz ein Kampfsystem, auf das wir wirklich stolz sein können. Durch die Weitergabe meiner Erfahrungen auf den nun folgenden Seiten möchte ich versuchen, jungen Kämpfern die Erlernung dieses Systems bis hin zur Meisterschaft zu erleichtern.

Der Tod

Man sagt, ein guter Samurai versteht zu sterben. Beginnt nun ein Kind mit dem Studium der Schwerttechniken, so macht es oft den bösen Fehler zu glauben, es lerne sich zu verteidigen. Wenn wir jedoch irgend etwas in fast 1000 Jahren Schlachtfeld-Erfahrung gelernt haben, dann dies: verteidigender, abwartender Kampf ist schlechter, ja nutzloser Kampf. Wenn ein Samurai sein Schwert zieht, dann ist er jedes Mal, und zwar jedes einzige Mal, mit seinem Tod konfrontiert. Weiß er sein Schwert geschickt zu führen, so kann er nicht behindert werden durch Angst vor dem Tode. Erfahrene Kämpfer erzählen, daß sie jeden Kampf als eine höchst spannende und aufwühlende Gelegenheit betrachten, um heldenhaft und in Anstand sterben zu können. Dieser so wichtige Standpunkt verdient genauere Erklärung und Betrachtung:

Der Mensch wird geboren zu einem Leben, in dem nur eines feststeht: irgendwann einmal wird er sterben. Früher oder später, manchmal in Situationen, wo er es am allerwenigsten erwartet, *muß* er sterben. Dies ist die einzige, unausweichliche Erfahrung in seinem ganzen Leben. Jede andere Erfahrung hängt ab von den wunderlichen Einfällen des Schicksals: nie wird er wissen, welchen sozialen Status er bekleiden wird, ob er heiraten wird, ob er Kinder haben wird usw. Ganz genau aber weiß er, daß er einmal sterben wird. Unreife Leute denken: »Irgendwann einmal, in ferner Zukunft, nachdem ich mein Leben gelebt habe, werde ich sterben.« Eine reife Person ist bereit, *heute* zu sterben.

Ein »Ich bin bereit, heute zu sterben« bedeutet aber auch: Ich lebe jede Minute, die mir vergönnt ist, in voller Anerkennung und Wertschätzung ihres unendlichen Wertes. Wenn ich meine Portion Reis esse, in meinem Bett liege, ja sogar wenn ich an meiner Nase kratze, so denke ich immer: »Dies ist meine letzte Gelegenheit, diesen Moment meines Lebens zu leben.« Wenn ich auf diese Art denke, empfühle und empfinde, bin ich wach und lebe wirklich. Wenn dann der Tod kommt, werde ich bereit sein. Aber ich werde nicht überrascht sein.

Wenn ich dann, und zwar nicht nur theoretisch, sondern tatsächlich und wirklich, die Nähe meines Todes verspüre, dann bin ich reif genug, mich mit folgender Frage zu beschäftigen: auf welche Art und Weise werde ich sterben ? Diese »Art und Weise« ist keinesfalls eine Sache von »ich werde an Diarrhöe, an Hunger oder durch einen Schwertstreich sterben.« Es ist vielmehr eine Sache meiner geistigen Bereitschaft zu sterben. Für einen Samurai entscheidet sich diese Frage an: »Werde ich mutig und beherzt sterben ?«

Mutig zu sterben bedeutet nicht notwendigerweise, während einer Schlacht zu sterben, obwohl dies natürlich der Wunsch eines jeden Samurai ist. Mutig zu sterben, bedeutet vielmehr hinzuschauen auf den Moment meines Todes als eine höchst intensive persönliche Erfahrung, vielleicht gar als die krönende Erfahrung meines geistigen Lebens. Es ist keine Erfahrung, die gefürchtet werden muß oder nur widerstrebend begrüßt werden sollte. Wir sollten sie betrachten als eine Gelegenheit, Heldentum zu praktizieren; Heldentum in einer Welt, die solche Gelegenheiten nicht allzuoft bietet. Da du ja sowieso sterben mußt, und dies wahrscheinlich auch noch unter Bedingungen, die dir herzlich wenig Möglichkeiten lassen, Heldentum an den Tag zu legen, ist die Chance, in einem Schwertkampf zu sterben, sicher nicht vergeudet. Wenn du dann auch noch tapfer kämpfst, ohne jede Rücksicht auf dein eigenes Leben, dann wirst du paradoxerweise höchstwahrscheinlich gewinnen und Verletzungen vermeiden. Der Gegner wird von deinem Angriff so überwältigt sein, daß er gezwungen ist, defensiv und somit wenig druckvoll zu kämpfen.

Aber abgesehen davon, bei welcher Gelegenheit

du stirbst, stets solltest du auch nur jede denkbare Anstrengung unternehmen, tapfer zu sterben. Und dies, wenn es aus keinem anderen Grund ist als dem, daß tapferes Sterben stets leichter ist als feiges Sterben. Du kannst tapfer auf deinem Krankenbett sterben, wenn du ohne wehleidiges Selbstmitleid stirbst. Natürlich ist jedoch ein Tod in der Schlacht die leichteste Art, sich von seinem Leben zu verabschieden. Wissen wir doch von alten Veteranen, daß auch die schrecklichsten Wunden sich erst nach der Schlacht bemerkbar machen.

Im Schwertkampf kannst du nur dann gut fechten, wenn du bereit bist zu sterben. Der Kämpfer, der dazu nicht bereit ist, wird bemerken, daß seine Technik durch seinen Überlebenswillen behindert ist, daß seine Hoffnungen und Ängste seine Konzentration stören.

Meister Yagyū erzählt, der schrecklichste Gegner, dem er einmal begegnet sei, war ein zum Tod verurteilter Sträfling. Dieser Mann wäre, unabhängig vom Ausgang des Duells, auf jeden Fall getötet worden. So verband den Mann nichts mehr mit dem Leben, und er war frei von jeglicher Angst und Furcht. Dies befähigte ihn, schrecklicher und gefährlicher zu kämpfen als viele Samurai. Dabei war dieser Mann gänzlich unbewandert in der Kunst des

Schwertkampfes !

Dies zeigt uns ganz klar, wie wichtig die Vorbereitung eines Schwertkämpfers auf den Tod ist. Die Bereitschaft zu einem mutigen Tod ist sogar noch wichtiger als technische Fähigkeiten. Deshalb muß sich jeder junge Samurai philosophisch vorbereiten und sich jederzeit mit seinem eigenen Tod abfinden können.

Der Mut

Mut ist ähnlich wie die Liebe nur sehr schwer zu beschreiben. Er kann sich auf vielfältige Art und Weise zeigen, und allzuoft nur ist das, was Mut zu sein scheint, etwas ganz anderes.

Kann jemand angesichts des Todes Mut zeigen, wenn es für ihn nichts mehr gibt, für das sich zu leben lohnt ? Ist es Mut zu nennen, wenn ein Mann in die Schlacht stürmt aufgrund falscher Beweggründe; ist es insbesondere dann noch Mut, wenn er vorher zu feige war, seine Stimme gegen die Mehrheit zu erheben ? Ist es Mut, seinen Gegner dazu zu benutzen, um aus dem Leben zu scheiden, nur weil man selbst unfähig ist, anständig Seppuku zu begehen ?

Richtiger Mut kann nur von jemanden gezeigt werden, der sein Leben liebt. Dennoch muß er in der Lage sein, ein Risiko so groß wie eben nötig auf sich zu nehmen zur Erfüllung einer Aufgabe, die ihm wichtiger erscheint als sein Leben. Für manche Samurai ist die Verteidigung ihrer Ehre eine solche Aufgabe. Für andere wiederum bedeutet es die Verteidigung ihrer Familie, ihres Landes oder ihres Daimyō.

Das Hagakure lehrt, daß ein Kind sich auf folgende Art und Weise Mut aneignen kann: Vater und Lehrer mögen dafür Sorge tragen, daß keine Herausforderung des Kleinen in einer Niederlage endet. Ich bezweifele die Weisheit dieses Ratschlages. Jeder lernt den Geschmack der Niederlage kennen, der eine früher, der andere später.

Natürlich sollte der junge Schwertkämpfer durch allzuhäufige Niederlagen nicht niedergemacht werden. Aber er muß lernen, mit Niederlagen umzugehen, sie zu verkraften. Schafft er dies nicht, so wird bereits seine erste Niederlage in einer für ihn schrecklichen und sehr persönlichen Katastrophe enden.

Die beste Art, Mut zu lehren, ist die beispielgebende. Mutig zu sein erlernt man, indem man sich den Mut einer Person vor Augen hält, die man selbst respektiert. Deshalb sollten wir uns vergewissern, daß junge Schwertkämpfer im Dōjō ausführlich Gelegenheit haben, beherzten und mutigen Kämpfern zuzusehen. Feiglinge allerdings müssen kräftig gerüffelt werden, doch sollte der Meister diese Feigheit seiner Schüler als seine ganz persönliche Niederlage empfinden. Seine Trainings- und Unterrichtsmethoden nämlich müssen so angelegt sein, daß Mut ganz speziell gerade bei denen gefördert wird, die von Natur aus eher ängstlich agieren. Wie aber nun können solche Trainingsmethoden aussehen ?

Der junge Samurai muß begreifen, daß jedermann Mut entwickeln kann, wenn er sich nur ernsthaft genug dieser Aufgabe verschreibt. Ferner muß er begreifen, daß letztendlich er selbst für seine Fortschritte verantwortlich ist. Immer wieder sollte er sich Herausforderungen vorstellen und zugleich auch, wie er mit ihnen fertig werden könnte. Angst kommt nämlich zum einen von Unwissenheit und zum anderen davon, daß man gänzlich unvorbereitet ertappt wird. Tagtäglich muß sich der junge Samurai sagen, daß er mutiger und mutiger wird, und dazu sollte er auch mit den heroischen Sagen unserer Ahnen vertraut sein. Alles, alles auf dieser Welt ist ja schon einmal dagewesen, großer Mut wie auch kriecherische Feigheit. Hält sich der junge Samurai diese Vergänglichkeit vor Augen, so wird es ihm sehr viel leichter fallen, sich jederzeit als mutig zu erweisen. Belohnen möge man seinen Mut, aber vergessen machen seine Feigheit !

Der junge Samurai muß jedoch auch begreifen, daß Mut nicht notwendigerweise eine übereilte Reaktion darstellt, die zum Tode führt. Vielmehr erscheinen eine ruhige und abgeklärte Einschätzung der Situation als der erfolgversprechendste Weg zum Sieg. Der mutige Mann ist kein lauter Maulheld, der immer den allergefährlichsten Weg beschreitet. Vielmehr behält er selbst in Anbetracht höchster Gefahr seine Selbstkontrolle, und zwar gerade auch dann, wenn seine Gefährten schon in Panik geraten. Eine mit kühlem Mut und schneller Entschlossenheit durchgeführte Aktion, das sollte der Vorsatz eines jeden Samurai sein.

Mut ist aber auch stets gepaart mit Erfahrung. Nur wenige Männer zeigen Mut, wenn sie unter ungewöhnlichen Druck geraten und ihm hilflos ausgesetzt sind. So könnte selbst der geübteste Kämpfer an Land seinen Kopf in einem Sturm auf hoher See verlieren, während die Matrosen ruhig und gelassen bleiben. Umgekehrt jedoch ist es der Seemann, der während eines nächtlichen Angriffs in den Bergen seinen Kopf verliert und in Panik gerät. Der junge Samurai sollte also nicht zögern, jedmögliche Erfahrung zu sammeln in jeder nur denkbaren Situation gegen jeden nur denkbaren Gegner.

Der Begleiter des Muts ist technische Meisterschaft. In dem Maß, in dem der sich entwickelnde Schwertkämpfer seine zunehmende Fertigkeit im Umgang mit der Waffe erkennt, in dem Maß gewinnt er auch Selbstvertrauen. Er hält sich für fähig, Gegnern gegenüberzutreten, die er früher fürchtete.

Und er beginnt auch Freude an einem Kampf zu empfinden, der ihn früher noch mit Angst und Schrecken erfüllt hat.

Mut wird auch durch schöpferische Phantasie gefördert. Der Lernende muß sich jede Übung als einen richtigen Kampf mit richtigen Schwertern vorstellen. Gleich, ob er alleine übt oder mit einem Partner, stets muß er in sich die Vorstellung tragen, einem grauenerregenden Feind gegenüberzustehen. Tut er dies regelmäßig, wird er sich bald an die Vorstellung eines wirklichen Gefechts gewöhnt haben. Und allzuviele Überraschungen dürfte dieses Gefecht für ihn dann nicht mehr bereithalten.

Einige Leute scheinen mit Mut schon auf die Welt gekommen zu sein, aber ich vermute, daß sie einfach gute Beispiele in ihren Vätern hatten. Andere müssen erst lernen, Mut zu entwickeln, doch kann dies jedermann, wenn er nur hart genug trainiert. Ein Feigling ist lediglich eine Person, die ihr volles Potential an Mut noch nicht ausgeschöpft hat.

Mut ist also eine Kombination vieler Faktoren. Mut verlangt die richtige Philosophie, ein überragendes Beispiel, solides Training, reichhaltige Erfahrung, technische Meisterschaft, ja sogar Phantasie.

Vor allem verlangt Mut Motivation und Anstrengung. Viele Kämpfer wurden besiegt von ihrer eigenen Furcht, und nicht von einem geschickten Gegner. Deshalb darf die Förderung von Mut in der Entwicklung eines Schwertkämpfers keinesfalls vernachlässigt werden!

Zen und Schwertkunst

Der Zen-Buddhismus stellt ein religiöses Vokabular zur Verfügung, das Szenen des Schwertkampfes beschreiben läßt, ohne daß diese mit Zen etwas zu tun hätten. Der einzige Unterschied zwischen einem Schwertmeister mit Zen-Bewußtsein und einem ohne dieses besteht in folgendem: der erstere benutzt Zen-Worte, um genau die gleiche Erfahrung zu beschreiben, die er mit dem zweiten gemein hat. Sicher ergeht sich ein Mönch in Wunschdenken, wenn er für sich in Anspruch nimmt, daß seine Satori-Erleuchtung ihn zu einem geschickten Schwertkämpfer macht.

Aber das Zen-Vokabular hilft, fortgeschrittenen Schwertkämpfern das Ziel der totalen Konzentration im Kampf zu lehren, indem es die Situationen beschreibt, die nicht auftreten dürfen. Der Schwertkämpfer sollte seinem Denken nicht erlauben, sich etwas zu wünschen: zu gewinnen, zu überleben, Ehrungen zu erhalten, Schmähungen zu vermeiden. Dies lenkt nur ab vom echten Kampf. Trickreiches Planen und gedankliche Höhenflüge darf er sich nicht erlauben; sie stören nur sein Gefühl des totalen Einsseins mit dem Kampf, der vor ihm liegt. Er sollte an überhaupt nichts denken, während er kämpft, denn jeder Gedanke stört seine

Konzentration auf den Gegner. Dieser Ratschlag gilt natürlich nur dem erfahrenen Kämpfer. Der weniger geübte Schwertkämpfer kann keine Fortschritte machen, wenn er sich nicht ständig vorsagt: »Sei schnell ! Sei mutig ! Entspanne dich ! Große Schritte ! Nie zurückweichen ! Hand und Fuß zusammen !« usw. Erst wenn solches Denken zu einer unbewußten körperlichen Durchführung gelangt ist, ist er bereit für den Zustand des »Keine Gedanken«, der äußersten Konzentration auf den Kampf von Mann zu Mann.

Zen-Philosophie legt großen Wert auf das Ausleben jeder einzelnen Minute um ihrer selbst willen, ohne abwegige Pläne für die Zukunft und ohne Grübeleien über die Vergangenheit. Diese Art zu leben nimmt, wenn richtig praktiziert, vom Samurai die intellektuelle Bürde des Todes. Sie wird ihm stufenweise helfen, sich von Feigheit zu befreien und wird seinen Kampf mutiger werden lassen.

Übung in Meditation ist auch der geistigen Beweglichkeit förderlich, während man Iai und Kata ausübt. Kaum ein Kämpfer darf dabei an etwas anderes denken; ein Treffer des Gegners wäre die logische Folge. Wird die Kata mit echten Schwertern ausgeübt, so ist kein geistiges Abwandern erlaubt, die Konsequenzen wären fatal. Verringert sich jedoch die Gefahr, beginnt der Geist zu wandern. Für einen erfahrenen Jünger des Iai gerät das Training so zu einer dynamischen Meditation, die sehr der geistigen Disziplin ähnelt, wie sie in der sitzenden Zazen-Meditation verlangt wird.

Zen ist nicht Budō, aber Zen und Budō sind unzertrennlich. Das Resultat der Beherrschung des Budō bleibt das Gleiche, egal ob es mit Hilfe von Zen-Philosophie erreicht wurde oder nicht. Nur relativ wenig Schwertkämpfer sind Zen-Meister, und diejenigen, die es sind, dürfen nicht erwarten, besser zu kämpfen als die anderen. Die Satori-Erfahrung der inneren Erleuchtung ist eine Erfahrung für sich, kein notwendiger Zusatz des Budō. Gelingt es einem Menschen jedoch, der viel mit seinen emotionalen Problemen zu kämpfen hat, diese mit Hilfe von Zen zu bewältigen, so wird er auch feststellen, daß seine Schwertkampffähigkeiten erheblich verbessert wurden.

Die beiden Wege

Es gibt zwei Wege, die der Samurai beschreiten kann: den des Gefolgsmanns und den des herrenlosen Samurai oder Rōnin. Der erste wird in Japan anerkannt, der zweite wird verachtet.

Das Leben des Gefolgsmanns wird beherrscht von der Philosophie des Konfuzius. Es ist ein Leben der Dienste und Pflichten. Selbstlose Aufopferung für den Daimyō ist das oberste Gebot. Die Wünsche des Daimyō bestimmen sein Leben. In den seltenen Fällen, wo er einen wohlwollenden Daimyō hat und wohlwollende Sippenälteste, kann der Gefolgsmann auf Gerechtigkeit und menschliche Behandlung hoffen. Um seiner Hauptpflicht als Krieger Genüge zu tun und bereit zu sein, jeden Moment sein Leben dem Daimyō zu opfern, wird er täglich ein hartes Training im Budō auf sich nehmen müssen. Ferner wird er mit zweitrangigen Verwaltungsaufgaben betraut werden. Die Sippenältesten werden entscheiden, was aus seinen Kindern wird. Der genügsame Gefolgsmann wünscht, was sein Daimyō und seine Sippenältesten wünschen. Eigenständiges Denken ist eine Krankheit, die nur Ärger in sein Leben bringen wird.

Als junger Mann wird ihm keine andere Zeit

verbleiben für irgendeine andere Hauptbeschäftigung als Budō und die Bürokratie des Clans. Er und seine Familie werden gerade mit dem Allernotwendigsten versorgt sein, so daß es nichts gibt, was ihn in der Ausübung seiner Pflichten behindern könnte. Erfüllt er ergeben seine Pflichten, so kann er in Friedenszeiten hoffen, ein Alter zu erreichen, welches ihm erlaubt, sich zusätzlich zu dem Dienst am Clan einigen kleineren Interessen zu widmen. Sollte er es sogar erleben, ein greiser Mann zu werden, so kann er sich vielleicht in ein Kloster zurückziehen und den Rest seines Lebens Buddha weihen.

Aber gleich ob der Gefolgsmann einem wohlwollenden Clan oder, was wahrscheinlicher ist, einem gewaltsamen Clan angehört, stets wird von ihm erwartet, keine anderen Wünsche zu hegen als nur den einen: mit aller Kraft den Interessen seines Clans nützlich zu sein. Und er muß der Möglichkeit ins Auge sehen, einer Laune des Daimyō oder eines Clan-Ältesten wegen alles wegzuwerfen und sein Leben zu beschließen, jederzeit, im Krieg wie im Frieden.

Normalerweise übt ein gewaltsamer Clan eine höchst ungerechte Herrschaft aus, doch wird für den Samurai gesorgt sein. Um jedoch zu überleben, wird er zusätzlich zu seinen Pflichten als Waffenspezialist und Verwalter eine höchst aktive Rolle in Komplotten und Intrigen spielen müssen. Es streben nämlich immer wieder innerhalb des Clans konkurrierende Gruppen nach Macht. Ist er andererseits bei solchen Polit-Spielen erfolglos, so warten auf ihn Degradierung und Erniedrigung, ja, man kann ihm sogar befehlen, Seppuku (Harakiri) zu begehen, nur um seine Ergebenheit zu zeigen.

Ist er unglücklich genug, ein besonders schönes Weib zu besitzen, so kann es sein, daß er auf sie verzichten und sie den Gelüsten des Daimyō überlassen muß. Alles andere würde als Selbstsucht seinerseits angesehen werden. Zu seiner Erziehung erzählt man ihm Legenden selbstloser Ergebenheit und wundersamer Taten, begangen von berühmten Samurai.

Man wird ihm von dem Krieger erzählen, der sich durch zärtliche Liebe zu Frau und Kind zunehmend behindert fühlte, so daß er nicht mehr bedingungslos auf dem Schlachtfeld sterben wollte. Als dann der Krieg ausbrach, zeigte er seinem Daimyō höchste Ergebenheit, indem er seine geliebte Familie tötete. So konnte ihn seine Liebe für sie nicht von seiner hehrsten Pflicht ablenken, mit grimmiger Entschlossenheit für den Clan zu kämpfen.

Und man wird ihm von den vielen Samurai aus alten Zeiten erzählen, die, um ihre Ergebenheit zu zeigen, mit Weib und Kindern Seppuku begingen, nur um einen jüngst verschiedenen Daimyō in den Tod zu begleiten.

Der ideale Gefolgsmann ist eine absolut selbstlose Person, die nicht mehr als Einzelwesen existiert, sondern als Mitglied des Clans, darauf abgestellt, bedingungslos zu gehorchen. Er freut sich, wenn es dem Clan gutgeht, er ist am Boden zerstört, wenn der Clan Schaden nimmt. Erlebt sein Clan gute Zeiten, dann genießt er den Respekt seiner Umgebung nicht wegen seiner selbst, sondern wegen seines Einsatzes für den Clan.

Der verachtete Rōnin ohne Clan wird von den Clansleuten als ein hungriger Wolf angesehen, der das Land durchstreift, ohne Bindungen, ohne Pflichten, ohne Unterstützung, ohne Schutz, ohne Sicherheit, ohne materielles Wohlergehen. Trotz seiner Geschicklichkeit als Schwertkämpfer ist er als Einzelkämpfer nicht in der Lage, gegen Banditenbanden oder rauflustige Clansleute zu bestehen. Seine Bereitschaft zu sterben darf jederzeit getestet werden, und zwar nicht in einer großen Schlacht zwischen zwei mächtigen Sippen, wo er als berühmter Held sterben wird, sondern in unbedeutenden kleinen Zänkereien um einen Bissen Reis oder einen Schluck Sake. Will ein Rōnin überleben, so muß er, gleich wo er sich zeigt, höchst vorsichtig sein. Er besitzt keinerlei sozialen Status und wird von niemandem geachtet. Man behandelt ihn mit derselben Vorsicht, mit der man ein wildes Tier behandelt das beißen könnte, wenn es erschreckt wird.

Die meisten solcher Rōnin sind mit ihrem Schicksal äußerst unzufrieden. Sie verbringen die meiste Zeit damit, sich irgendwo einzuschmeicheln, wobei sie darauf hoffen, daß ein Clan, der Krieger braucht, sie bei sich aufnimmt. Ihre zerfetzte Kleidung und ihre dürftige Nahrung bedeutet für sie einen Fluch, und sie sehnen sich nach der Ehre und Geborgenheit eines Clan-Mitgliedes.

Wenn diese verarmten Samurai doch nur einmal von oben nach unten blickten und ihre Situation ohne Vorurteil betrachteten! Sie könnten dann sehen, daß sie um den Preis ertragbarer Not ein seltenes Gut erkauft haben: Freiheit.

Sie sind frei, über unsere Welt zu lernen, frei, um den wahren Zweck eines Menschen auf der Welt zu untersuchen und zu erfüllen. Sie können sich in der Wildnis abhärten, Budō studieren, wo immer ein Meister anzutreffen ist, Klöster besuchen, um die Meditation zu erlernen.

Der Preis dafür mag ein gelegentlich leerer Magen sein, ein bißchen Einsamkeit und Armut. Doch es ist nicht leicht, sich von der erdrückenden Rolle eines Gefolgsmannes freizumachen !

Eigenständiges Denken

Möchte der junge Schwertkämpfer in seinem Metier vorankommen, so muß er aus freien Stükken eine lange Lehrzeit auf sich nehmen. Während dieser Zeit muß er Ratschläge wie ein Schwamm aufsaugen und seinen Lehrer gleich einem Affenbaby nachahmen. Immerhin wurde uns das Verständnis für den Umgang mit dem Schwert nicht in die Wiege gelegt. Es ist vielmehr eine Kunst, die unsere Ahnen die gesamte Feudalzeit hindurch entwickelt haben, eine Kunst, die auf dem Schlachtfeld verfeinert und auf Herz und Nieren geprüft wurde.

Je eher der Anfänger mit dem Zuhören und Nachahmen aufhört, desto eher wird er auch aufhören, Fortschritte zu machen. Selbständiges Denken bezogen auf den Schwertkampf sollte nur dann erfolgen, wenn eine intensive Rücksprache mit dem Lehrer möglich ist. Dies jedoch auch nur dann, wenn man nicht mit den Übungen beschäftigt ist. Während dieser sollte man nämlich nicht fragen, sondern hart arbeiten.

Andererseits muß der junge Samurai, so er an seine ganz persönliche Philosophie denkt, sorgfältig darüber befinden, ob die Weisheit seiner Ältesten auch wirklich in jedem Falle eine gute Quelle darstellt. Er muß zwischen den beiden Wegen wählen, die zu völlig verschiedenen Zielen führen. Der erste Weg ist der des Konfuzianismus, der zweite der des Buddhismus und Taoismus.

Gehört ein Samurai einem Clan an, der einen Daimyō folgt, so bleibt ihm gar keine andere Wahl, als mit all seiner Kraft dem Weg des Konfuzius zu folgen. Er sollte zwar die Weisheit des anderen Weges kennen, um in Zeiten der Not daraus Trost schöpfen zu können. Da die beiden Wege jedoch divergent verlaufen, würde es ihn — sollte er sich beiden Wegen gleichzeitig widmen wollen — zerreißen gleich einem Reiter, der auf zwei auseinanderlaufenden Pferden zu sitzen versucht.

Einfach gesagt ist Konfuzianismus der Weg der äußeren Welt und Buddhismus/Taoismus der Weg der inneren Welt. Konfuzianismus verspricht Wohlstand und Ansehen demjenigen Samurai, der vollständig in seiner Pflichterfüllung aufgeht. Japanischer Konfuzianismus heißt Bushidō, der Weg des Gefolgsmannes. Oberste Tugend des Bushidō ist die selbstlose Liebe für den Daimyō, den Vater dieser Feudalgesellschaft.

Geht es dem Daimyō gut, so geht es jedem gut; dem Daimyō aber wird es gutgehen, wenn ein jeder seine Pflicht erfüllt. Der Konfuzianismus regelt genau die Pflichten, die jedes Mitglied dieser Feudalgesellschaft einem anderen Mitglied gegenüber hat. Bushidō verlangt von dem Samurai volle Ehrerbietung und Beistand. Es bietet aber auch die Möglichkeit, sich durch den Tod auf dem Schlachtfeld große Ehre zu erwerben, wobei man gleichzeitig seiner Liebe zum Daimyō höchsten Ausdruck verleiht.

Anderen, geringeren Mitgliedern dieser Gesellschaft, Bauern und Kaufleuten etwa, gewährt man solche Ehre nicht, sie werden von einem ehrvollen Leben ausgeschlossen. Ihre Pflicht besteht vielmehr darin, fleißig ihrem Beruf nachzugehen. Der Samurai wird gleich dem Sohne des Daimyō angesehen, während die übrigen Klassen nur als seine entfernteren Verwandten gelten. Der Sohn besitzt zwar mehr Privilegien, aber dafür erwartet man auch mehr von ihm.

Japanischer Konfuzianismus ist ein hervorragendes System in erster Linie für den Daimyō, in zweiter Linie für den Samurai und in dritter oder noch späterer Linie für die Bauern und Kaufleute. Unglücklicherweise funktioniert sogar für den Samurai diese Ideologie in der Theorie stets besser als in der Praxis. Der Konfuzianismus versinkt im Morast menschlicher Schwäche. Er neigt stets dazu, zu einem tyrannischen System zu entarten, von dem nur der Daimyō und eine kleine, ausgewählte Schar führender Samurai profitieren. Die anderen müssen sich um die Brosamen schlagen, was für den einzelnen zu unerhörten Belastungen führen kann.

Der andere Weg, der Weg der inneren Welt, verspricht nichts von dem, was körperlichen Freuden, Reichtum oder sonstige Annehmlichkeiten bieten könnten. Er fordert im Gegenteil, daß wir dem Körper nur das bißchen zukommen lassen, was von wirklicher Bedeutung für seine Gesundheit ist. Wir selbst sollen uns der Erziehung und Ertüchtigung unserer Seele widmen. Dies nicht nur als Vorbereitung auf ein Leben im Jenseits, sondern weil auch ein zufriedener Geist ein zufriedeneres Leben auf dieser Erde bedeutet.

Es gibt in Japan wie auch anderswo sehr viele Geistesschulen, die lehren, sich mit dem Geist in einem selbst zu befassen. Die meisten von ihnen sind von den Grundlehren des Tao und Buddha abgewichen, einige bis zu der Stufe hin, wo ihre ganze Philosophie einmündet in ein kompliziertes System des Wunschdenkens, eher schon mehr eine Religion denn eine Philosophie.

Wie dem auch immer sein mag, selbst im so weit

entfernten Rom gibt es eine Philosophie-Lehre namens Stoizismus, die in ihren Grundzügen dem Buddhismus und Taoismus außerordentlich ähnelt. Dies zeigt sehr schön, wie weise Männer aller Kulturkreise zu denselben Schlußfolgerungen gelangen.

Aber es ergibt keinen Sinn, dogmatisch von verschiedenen Geistesschulen zu sprechen. Die Grundlagen zu einem zufriedenen Leben sind nämlich wirklich ganz einfach. Doch ist die erste Forderung an den Schwertkämpfer, der sich philosophisch weiterbilden will, diametral entgegengesetzt der Forderung, Fortschritte im Kampf zu erzielen: er muß jetzt den Mut aufbringen, selbständig zu denken. Eine überwältigende Mehrheit der Leute nämlich, gleich ob Samurai, Bauer, Kaufmann oder Mönch, richten ihr Leben nur nach der Volksweisheit — und das ist nur allzuoft überhaupt keine Weisheit. Wenn man es nun wagt, selbständig zu denken, so wird man auch den Mut brauchen, den man sich im Dōjō erworben hat, da man auf starken Widerstand von allen Seiten stoßen wird.

So sind die meisten Leute vollständig mit der Eroberung der äußeren Welt beschäftigt und besitzen solchermaßen naturgemäß keinerlei Verständnis für eine Person, die nach innen sieht. Deshalb muß man zufrieden sein, bestenfalls als ein religiöser

Mensch und schlimmstenfalls als ein nutzloser Narr abgestempelt zu werden. Die Buddhisten haben für sich das erste Etikett und die Taoisten das zweite ausgewählt. Ein Samurai, der den Bushidō-Konfuzianismus zurückweist, darf froh sein, wenn man ihn als einen nutzlosen Narren ansieht. Sehr viel wahrscheinlicher aber wird man ihn für einen faulen Landstreicher halten, denn die Leute sehen nur die Konsequenz seiner Askese: die Zurückweisung von Ehre, Reichtum und Luxus. Was in seinem Kopf vorgeht, sehen sie nicht, und er bemüht sich auch gar nicht, es ihnen zu erklären. Sie würden ihm nicht zuhören wollen.

Er gleicht dem einzigen Überlebenden einer Tsunami (Flutwelle). Dieser wird, wenn sich wieder einmal die See nach einem Erdbeben zurückzieht und dabei die Schätze des Meeresboden freigibt, wie ein Verrückter in die Berge laufen. Die anderen Fischer aber lachen und machen sich über sein seltsames Verhalten lustig, während sie ihre Körbe füllen. Was soll man auch schon halten von einer Person, die solch einem Erntefest den Rücken kehrt ?

Er aber hört nicht auf, bergan zu klettern, und ihr Gelächter erfüllt ihn mit Mitleid, weiß er doch, daß das Meer nur allzubald mit Brachialgewalt zurückfluten wird. Dabei wird es alles zerstören und völlig unerwartet ihre Gier zu einem Nichts verkommen. Sie jedoch sind völlig überzeugt von seiner Torheit, doch er hat die Wahrheit gesehen und kann nicht von seinem Vorhaben abgebracht werden.

Die Zurückweisung falscher Ideale ist ein wichtiger Anfang, aber der Samurai-Philosoph begnügt sich nicht mit dem Wissen dessen, was falsch ist. Im Dōjō hat er gelernt, daß Fortschritte durch stetes Bemühen erzielt werden; daß andere einem zwar das »Wie« aufzeigen können, man es sich aber selbst anzueignen hat. Er hat aber auch gesehen, daß viele Schwertkämpfer beim Versuch, ihre Kunst zu lehren, in die Falle des Mystizismus getappt sind, und er hat auch die Folgen auf dem Schlachtfeld gesehen, die deren Anhänger dann zu tragen hatten. Deshalb verläßt er sich auch in der Philosophie auf seinen gesunden Menschenverstand und vergeudet keine Zeit mit untauglichem Mystizismus.

Die Erfahrung hat ihm gezeigt, daß warme Kleidung, einfaches Essen und Trinken sowie ein Dach über dem Kopf alles darstellen, was der Körper zur Erfüllung seiner Bedürfnisse benötigt.

Solchermaßen den Geist für wichtigere Dinge

freigemacht, wird er gerade genug Geld verdienen, um seine Grundbedürfnisse befriedigen zu können. Von seiner Arbeit verlangt er nur eine einzige Grundbedingung: Freiheit, um dem Gebot des eigenen Geistes und Gewissens folgen zu können. In seinem Leben gibt es nur ein überragendes Ziel: seiner Seele Zufriedenheit zu lehren.

Die meisten Menschen erfahren Zufriedenheit nur flüchtig. Haben sie ein Ziel erreicht, das ihnen in ihrer Vorstellung wichtig erschien, so sind sie für einen kleinen Moment zufrieden, gerade so lange, bis sie erkannt haben, daß es wohl doch nicht wichtig war. Dann brechen sie wieder auf zu ihrer ewigwährenden Suche. Ein Philosoph hat erkannt, daß echte Zufriedenheit einen Dauerzustand seines Geistes darstellt, unabhängig von äußeren Einflüssen. Ist er an diesem Punkt angelangt, so ist seine Tätigkeit in der äußeren Welt unwichtig. Hat er einmal gelernt, zufrieden zu sein, so wird er immer zufrieden sein, gleich was ihm widerfährt.

So stellt selbst das Zubereiten einer Speise oder der Bau eines Schuppens eine für den Philosophen sehr wichtige Tätigkeit dar, bei deren Erledigung er zur Gänze zufrieden ist. Die Eroberer der äußeren Welt dagegen müssen irgend jemanden sein Land, sein Weib, sein Geld oder seinen Rang weggenommen haben oder aber sonst irgendein unsinniges »Ziel« erreicht haben, um wenigstens für einen kurzen Moment zufrieden sein zu können. Dann verfallen sie in Enttäuschung, bis das nächste Ziel erreicht ist, und so wiederholt sich das immer und immer wieder.

Mit anderen Worten: der Philosoph sucht Zufriedenheit in sich selbst, nicht jedoch als das Ergebnis aus irgendeiner Sache. Er muß lernen, zufrieden zu »sein«, gleich was mit ihm auch geschieht.

Zuerst muß er dabei lernen, was sich eigentlich ereignet hat, wenn er nicht zufrieden ist. Sogleich wird er dann einsehen, daß er selbst es ist, der sich durch seine eigene, persönliche Interpretation der Geschehnisse immer wieder aufs Neue unglücklich macht. Der Beweis dafür ist, daß, gleich was sich ereignet hat, es immer einen anderen Menschen geben wird, der in der genau der gleichen Situation durch eine ganz andere Interpretation glücklich ist. Um nur einige ganz wenige Beispiele zu nennen:
— Einige Indianer betrachten die Folter als eine willkommene Gelegenheit, ihre Männlichkeit unter Beweis zu stellen.
— Ein Hypochonder ist befriedigt, wenn sein Arzt an ihm herumschneidet.
— Ein Mann, der sein Leben, seine Frau, seine Kin-

der haßt, ist glücklich, wenn ihm dies alles genommen wird.

Die Buddhisten meinen, daß unser Verlangen nach einer Sache uns zugleich auch stets unglücklich macht. Können wir das Verlangte nicht erreichen, so macht es uns unglücklich. Mit dem Wegnehmen des Verlangens entfernt man also auch gleichzeitig das Unglücklichsein. Die Stoiker sagen im wesentlichen dasselbe, aber sie legen größten Wert auf eine »korrekte« Auslegung. Jegliches Geschehen der äußeren Welt sehen sie als ganz neutral an; »gut« ist dann die richtige Stellungnahme diesem Geschehen gegenüber. Die Taoisten sind so desinteressiert an der äußeren Welt, daß nichts von dem, was sich dort ereignet, sie in irgendeiner Weise betrifft. Aus den kleinen Tätigkeiten des Alltags vermögen sie jedoch durchaus Freude zu schöpfen.

All diese Philosophien zeigen, daß der Weg, zufrieden zu werden darin besteht, zufrieden zu *sein*. Sie zeigen auch, daß man sich selbst zu einer zufriedenen Person wandeln kann. Man muß nur gewillt sein, die sehr harte Arbeit in Angriff zu nehmen, die die Änderung der Denkweise und — vor allem — die Änderung der Grundgewohnheiten in sich birgt.

All diese Philosophien zeigen weiters, daß Geschehnisse außerhalb dieser innneren, geistigen Welt guten und schlechten, mächtigen und sanftmütigen Menschen gleichermaßen zufällig widerfahren.

Ferner zeigen all diese Philosophien, daß ein Weiterkommen das folgerichtige Ergebnis eigenen Bemühens darstellt. Die Verantwortung dafür, was man aus seinem Leben macht, liegt bei einem selbst und läßt sich nicht durch äußere Ereignisse beeinflussen.

Im Dōjō lernt der junge Samurai, schlechte Angewohnheiten abzulegen und sich neue, bessere anzueignen. Diese Philosophien machen den Vorschlag, damit auf allen Gebieten fortzufahren. Unzufriedenheit mit dem eigenen Schicksal ist wohl die schlechteste aller Angewohnheiten. Schlechte Angewohnheiten sind aber auch diejenigen Denkgewohnheiten, die zu Unzufriedenheit führen. Zufriedenheit mit dem eigenen Schicksal ist die beste Angewohnheit, und Denkgewohnheiten, die zu Zufriedenheit führen, sind gute Gewohnheiten.

Geistiger Fortschritt

Für einen Samurai-Philosophen stellt das tägliche Leben außerhalb des Dōjō nichts anderes dar als die Fortsetzung seines Bestrebens im Dōjō, den Kampf um die Beherrschung des eigenen Ichs zu gewinnen. Die Schläge und Stöße des Partners im Dōjō gleichen Werkzeugen, die man zur Verbesserung der eigenen Kampftechnik nutzt. Außerhalb des Dōjō sind die kleinen Schicksalsschläge das Werkzeug, mit denen man seinen Charakter formt. Beide Geschehen, das innerhalb und das außerhalb des Dōjō, begrüßt man als eine willkommene Gelegenheit, mit Herausforderungen aller Art fertig zu werden. Freude schöpft man nicht aus dem Gewinnen, sondern aus der geschickten und beherzten Ausnutzung seiner eigenen Fähigkeiten in einem brillanten Kampf gegen einen würdigen Gegner. Dabei ist es unerheblich, ob dieser Gegner ein Schwertkämpfer oder ein Schicksalsschlag ist.

In allen Situationen möge man sich vergegenwärtigen, daß man selbst der eigentliche Feind ist und der Kampf darin besteht, die eigene Schwäche niederzuringen. Dies läßt sich immer erreichen, gleich, ob man gegen den Gegner obsiegt oder verliert. Wird man selbst besiegt, egal ob im Kampf oder im Leben, so ist man doch glücklich und zufrieden, wenn man sein Bestes getan hat. Hat man sich jedoch nicht wacker geschlagen, so lernt man aus seiner Erfahrung und vergeudet keine Zeit mit Gegenbeschuldigungen. Alle Erfahrungen, gute wie auch schlechte, mögen das Brennholz sein für das Feuer des eigenen Fortschritts.

Während seines gesamten Lebens vergesse man nie seinen ganz persönlichen Auftrag hier auf Erden: gut zu leben und gut zu sterben. Gut zu leben bedeutet die vollständige Ausnutzung der kurzen Zeit, die einem gewährt ist, um den innenwohnenden Geist zu bilden und zu bessern. Gut zu sterben bedeutet, diesen Geist freudig freizugeben.

Das tägliche Leben

In seinem täglichen Leben ist der Samurai-Philosoph stets um seine geistige Weiterentwicklung bemüht, ganz unabhängig davon, was er gerade tut. Nun bietet ein jegliches Tun fortwährend Gelegenheit, an seinem Charakter zu arbeiten. Dennoch sollte man sehr sorgfältig die Zahl seiner Beschäftigungen eingrenzen, um nicht von seiner Hauptaufgabe abgelenkt zu werden.

Es kann einem nämlich nur allzuleicht passieren, daß man in Unwesentliches verwickelt wird, das sich nur geschickt als Notwendigkeit zu tarnen wußte. Man muß die täuschende Verkleidung durchschauen und sich stets vor Augen halten, daß nur ein einfaches Leben ausreichend Zeit gewährt, sich seiner geistigen Weiterentwicklung zu widmen.

Von Zeit zu Zeit muß man seinem Geist erlauben, sich hochzuschwingen in die Lüfte, weit, weit über die irdischen Bedingungen hinaus. Von solch einem Punkt aus kann er herabblicken und die wahre Bedeutungslosigkeit vielen menschlichen Tuns erkennen. Wenn man aber erst einmal gesehen hat, wie kosmische Entfernungen und Äonen der Zeit auch größte menschliche Leistungen auf ein Nichts zusammenschrumpfen lassen, dann wird man leichten Herzens auf weltliche Ehrungen verzichten können.

Man wird es zufrieden sein, bescheiden an der Weiterbildung seiner armen Seele fortfahren zu können, frei vom Wunsch, höher zu sitzen als die anderen Frösche um den Tümpel.

Die meisten Menschen drücken sich um diese so überaus wichtige Gegenüberstellung mit dem Geist, der ihnen innewohnt. Sie haben Angst vor ihm, so wie kleine Kinder vor der Dunkelheit Angst haben. Sie vermeiden es, ihm ins Auge zu blicken, weil sie Angst haben vor dem, was sie darin erkennen könnten. So suchen sie Zuflucht in der äußeren Welt und beschäftigen sich mit unwesentlichen Dingen wie Ansehen, sozialem Rang, Geld und dem Anhäufen lebloser Gegenstände. Wenn dann einmal unausweichlich die Zeit gekommen ist, den Geist dorthin freizugeben, woher er gekommen ist, so sind sie von ihrer mangelnden Vorbereitung darauf entsetzt und vermögen ihn nicht ziehen zu lassen. Ein ganzes Leben hatten sie Zeit, doch auf einmal erkennen sie ihre Unfertigkeit und verlangen nach noch mehr Zeit der Vorbereitung. Gewährte man ihnen diese zusätzliche Zeit, so würden sie panikartig in einer letzten, verzweifelten Kraftanstrengung schon wieder Trost suchen wollen in der äußeren Welt, da, wo er nicht angefunden werden kann.

Die Zeit, sich vorzubereiten, ist jetzt! Der Geist ist hier, hier drinnen und wartet sehnsüchtig darauf, mit dem körperlichen Verstand, der wieder auf andere Dinge achtet, zusammenzukommen. Der Weg dazu hin bedeutet zunächst sich zu entspannen, in sich hineinzuhören und zu meditieren. Die Meditation erfolgt in zwei Stufen: zunächst bewußt, verbunden mit einer genauen Prüfung des eigenen Lebens und der vorgesetzten Ziele. Später dann unbewußt, ohne konkrete Gedanken, in einfacher Stille, wobei intuitiv der Geist von den künstlichen Fesseln befreit wird, die ihm vom Verstand angelegt wurden.

Der Geist ist in dem Maße an die äußere Welt gebunden, in dem man seine Selbstbeherrschung verliert. Es ist sehr wichtig, dieses Prinzip im Kopf zu behalten. Wir lernen nämlich daraus, daß bei jedem neuerlichen Verlust der Selbstbeherrschung wir selbst es waren, die unser geistiges Weiterkommen behindert haben. Buddha sagte einmal, daß der Schlüssel zum geistigen Fortschritt in der Mäßigung bei allen Dingen besteht. In unserer Unreife haben wir den egoistischen Wunsch, die Dinge mögen sich so ereignen, wie wir es gerne hätten.

Durch stetes Üben müssen wir lernen, davon loszukommen. Durch den Verzicht auf diese Wünsche erlernen wir die Kunst des Hinnehmens. Wir erlernen weiters Selbstbeherrschung und finden uns mit den Dingen ab, wie sie kommen, ohne uns in unnützen Versuchen zu ergehen, die Dinge selbst zu verändern. Dies führt nur zum Verlust der Selbstberrschung. Wir sind verantwortlich für unsere ureigene Reaktion auf das Schicksal, nicht jedoch für die Beeinflussung des Schicksals als solchem. Deshalb müssen wir unserem Geist erlauben, sich über uns zu erheben und unseren Umgang mit dem Leben aus einer gewissen Entfernung heraus zu beobachten. Solch eine Entfernung erlaubt es uns, bescheiden und milde zu handeln, ohne dabei unsere Hauptaufgabe aus den Augen zu verlieren.

In dem Maße, in dem der Geist frei wird, verlieren das »Was« und das »Wieviel« des täglichen Lebens ihre Bedeutung. Das Nehmen eines Bades gewinnt somit die gleiche Bedeutung wie der Bau eines Hauses oder die Unterzeichnung eines Vertrages. Allmählich verschwindet auch die Hektik, da all die Dinge, die getan werden »müssen«, an Bedeutung verlieren. Das Training im Dōjō gerät zu einer sinnlichen Freude anstelle hart absolvierter Leistung. Ursprünglich geschaffene »Achtung« vor den Herren der äußeren Welt wandelt sich um zu Mitleid wegen ihrer Unfähigkeit, einfache und jedermann zugängliche Freuden zu genießen. Für sie bedeutet ein »Essen« eine bombastische Angelegenheit, wo »wichtige Geschäfte« mit »wichtigen Leuten« besprochen werden und niemand vom Geschmack der köstlichen Speisen Notiz nimmt.

Die Herren werden sagen: »Ja! Aber wenn ich krank bin, dann behandeln mich die besten Ärzte.« Man wird also nicht mehr zu sterben brauchen? »Meine Krieger begleiten mich, sie schützen mich und sie achten mich.« Wäre man nicht so wichtig, so benötigte man auch nicht deren Schutz. Und wissen die Herren denn selbst, was einen Mann der Hochachtung wert macht? »Ich lebe in einem Schloß mit 40 Zimmern.« Kann man sich darin gleichzeitig auf einmal aufhalten? »Viele Pferde ziehen meinen Wagen.« Wäre man nicht so in Eile, so könnte man auf seinen eigenen beiden Beinen gehen. Die einzig echte Notwendigkeit ist die Ruhe des Gemüts, und die ist jedermann zugänglich, der weiß, wo er sie zu suchen hat: in einem selbst.

Aber Geist und Gemüt sind nur allzuleicht beeinflußbar vom Körper. So sind ein leidlicher Gesundheitszustand sowie körperliches Wohlbefinden für die meisten Menschen recht nützliche Zugaben auf der Suche nach geistiger Freiheit, wenngleich die

Helden unter uns noch nicht einmal dies benötigen. Denn wenn der Geist beweglich ist, so ist auch der menschliche Körper anpassungsfähig und kann lernen, mit sehr schwierigen Bedingungen fertig zu werden.

Der stärkste Mann ist nicht derjenige, der für sich größtmöglichen Luxus kaufen oder beanspruchen kann, sondern der, der sich an einem Leben ohne Luxus voll erfreuen kann. Und der Mann, der sich der Achtung wirklich würdig erweist, ist der, der vor seinem eigenen Charakter Achtung empfindet. Die Achtung anderer, die sich auf falsche Beweggründe, auf ihre Illusionen stützt, bedeutet ihm nichts.

Zeit, die man für den Erwerb von Geld und unnötiger Luxusgüter verwandt hat, wäre besser angelegt für die Erziehung und den Aufbau des eigenen Charakters. Nicht das, was man in Händen hält, sondern das, was man im Herzen hat, erhöht den Wert eines Menschen. Nichtererbte Intelligenz kann wohl kaum verbessert werden, doch besitzen die meisten Leute genügend Intelligenz, um grundlegende philosopische Prinzipien zu verstehen. Über ihren Wert als menschliche Individuen entscheidet, ob sie gewillt oder nicht gewillt sind, diese Prinzipien in ihr tägliches Leben einfließen zu lassen. Angenommen, man ist gezwungen zwischen zwei Männern zu wählen. Der erste scharfsinnig, intelligent, und hinterlistig, ansehnlich, jedoch treulos, geistreich, aber egoistisch, reich, jedoch geizig, einflußreich, aber hartherzig, populär, jedoch beeinflußbar. Der zweite von gerade ausreichender Intelligenz, aber rechtschaffen, nicht gerade schön anzusehen, aber loyal, selbstlos, großzügig, milde und kaum zu ärgern, nicht nachtragend, auch unter widrigen Umständen höchst belastbar und zuverlässig. Wer würde sich nicht den zweiten zu seinem Gefährten erwählen ? Und wer kann sich nicht zu einem Menschen der zweiten Sorte gestalten, ganz unabhängig von seinen natürlichen Talenten ? Die einzige Bedingung ist der Wille nach Selbstverbesserung.

Ein jeder Mensch muß selbst entscheiden, was für eine Person er sein möchte und wie er dann zu solch einer Person werden könnte. Indem man sich klar macht, daß der Mensch ein Gewohnheitstier ist, muß man seine schlechten Angewohnheiten ändern und seine guten noch mehr verstärken.

Man muß erkennen, daß Wut, Angst, Ungeduld, Neid, Ungestüm, Eifersucht, Selbstmitleid und anderes mehr schlechte Angewohnheiten sind, die das eigene Leben recht erbärmlich gestalten.

Damit bestraft man sich selbst, denn diese Gewohnheiten kann man ändern. Man muß sich dieser Aufgabe nur ernst genug widmen, denn diese Gewohnheiten sind ernste Erkrankungen der Seele.

Verwendet man seine Zeit, um seine Seele von diesen Krankheiten zu läutern, so wird man besser leben und nach vollendeter Ausführung zufrieden sterben. Vergeudet man jedoch sein Leben mit unnützen Versuchen, andere unreife Leute zu beeindrucken und Dinge zu horten wie eine Ratte die Saatkörner, so wird man 40 Jahre später immer noch dieselbe Person geblieben sein. Nur haben die charakterlichen Fehler aus einem enttäuschten, unzufriedenen Jüngling einen enttäuschten, unzufriedenen alten Mann werden lassen. Besitztümer und Diener werden nicht imstande sein, seine Pein zu mildern.

Shugyō

Shugyō, Selbstdisziplin, ist das oberste Gebot, um im Dōjō unter dem Druck des Trainings ausgebildet zu werden. Dieses Gebot wird später dann auf das Alltagsleben mit seinen vielfältigen Situationen übertragen. Nichts, wie banal es auch immer sein mag, sollte ohne den festen Willen unternommen werden, sich ungeachtet aller Provokationen entspannt, tolerant und humorvoll zu verhalten. Gleich, ob der Gegner ein wütender Kämpfer, ein sturer Beamter oder eine chronische Krankheit ist, stets müssen wir diejenigen Tugenden aufrufen, die uns bei der Überwindung solcher Widrigkeiten helfen. Dies können wir nur, wenn wir ruhig bleiben und unsere Gefühle voll beherrschen. Selbstdisziplin ist eine Gabe, die uns den Genuß der Kontrolle über unser Leben gewährt, eine Kontrolle, die unter Stressbedingungen jederzeit verfügbar ist. Selbstdisziplin ist kein finsterer Gott, der unser schlechtes Gewissen abdrosselt. Er gleicht vielmehr einem Engel, der kommt, wenn wir ihn brauchen, wenn wir merken, daß uns die Herrschaft über uns zu entgleiten droht.

Um eine Quelle der Kraft und Stärke darzustellen, muß Selbstdisziplin regelmäßig geübt werden. Das tägliche Üben im Dōjō bietet uns eine willkommene Gelegenheit, Stress mit Selbstdisziplin zu begegnen, und unser tägliches Leben stellt eine Fortsetzung dieser Übung dar.

Jedesmal wenn wir erkennen, sei es im Dōjō oder anderswo, daß ein Mangel an Selbstdisziplin einen Rückfall in Unreife mit all seinen unerfreulichen Konsequenzen verursacht hat, müssen wir aus dieser Niederlage lernen. Wir müssen unseren Entschluß festigen, die nächste Gelegenheit besser zu nutzen und es besser zu machen.

Einige Leute verstehen unter Selbstdisziplin, daß sie einen grimmigen Meister darzustellen haben, der jegliche spontane Freudenregung im Keim erstickt. Solch eine Interpretation ist vollständig falsch. Selbstdisziplin erlaubt uns nämlich, vor uns selbst Respekt zu haben und zu wissen, mit Widrigkeiten umgehen zu können. Wir haben aber deswegen auch keine Angst davor, einmal zu entspannen und gleich glücklichen Kindern zu leben. Der grimmige Mensch, der niemals glücklich ist, ist nicht selbstdiszipliniert, sondern »andersdiszipliniert«. Durch diese Verkörperung einer überstrengen Vaterfigur, die jeden Funken von Spontaneität sofort unterdrückt, fühlt er sich selbst miserabel und lebt dabei noch in ständiger Angst vor Schwäche oder Niederlage.

Da wir uns täglich der so wichtigen Aufgabe widmen, unsere Schwächen zu erkennen und sich mit ihnen auseinanderzusetzen, stellen sie auch keinen Schrecken für uns dar. Wir akzeptieren sie, bemühen uns jedoch, sie auszumerzen. Die Niederlage durch die Hand eines anderen schreckt uns nicht, denn wir sind uns unserer Begrenzungen als sterbliche Wesen bewußt. Wir sind uns aber auch bewußt, daß wir für unsere eigenen Fähigkeiten verantwortlich sind. Das Training im Dōjō lehrt uns, daß man manchmal gewinnt und manchmal verliert, und daß man anderen aufgrund der Erfahrung voraus ist. Wir müssen nicht gewinnen, sondern nur ganz einfach Freude daran empfinden, unsere Sache unabhängig vom Ausgang gut zu machen.

Das Vergleichen

Eine andere Krankheit, die geheilt werden muß, ist die fruchtlose Besessenheit, sich immer wieder mit anderen vergleichen zu wollen. Der einzig nützliche Vergleich ist das Maß des persönlichen Fortschritts: Wie gut war ich vor einem Monat, und wie gut bin ich heute? Da wir ausschließlich für unseren Fortschritt verantwortlich sind, nicht jedoch für Beigaben der Natur oder des Schicksals, stellen somit Vergleiche mit anderen Leuten Unsinn dar. Die Wege der Natur sind zu verschlungen, als daß wir die Ausgangsbedingungen abschätzen könnten, unter denen sich ein Mensch mit all seinen Eigenschaften, Antrieben und Problemen entwickelt. Erscheint uns jemand auf irgendeinem menschlichen Betätigungsfeld weiter fortgeschritten als wir, so liegt dies vielleicht an seinen von der Mutter Natur mitgegebenen Talenten oder an seiner Motivation. Dies sind Dinge außerhalb unserer Kontrolle. Es kann aber auch an harter Arbeit liegen. Wenn er nämlich vier Stunden täglich arbeitet und wir nur eine Stunde in der Woche, so ist es nur gerecht, daß er den größeren Fortschritt macht. Es wäre kindisch von uns, ihn träge und faul zu beneiden, während wir fortfahren, eine Stunde in der Woche zu arbeiten. Er mag uns als motivierendes Beispiel dienen, nicht aber das Ziel unserer Eifersucht darstellen.

Wir selbst sind es ja gewesen, die entschieden haben, wie die Zeit zu nutzen ist.

Ähnlich verhält es sich mit einem Mann, der ein Stückchen Land von Fels besitzt und einem anderen, der ein solches von Sand hat. Derjenige, der auf Fels baut, wird sehr schnell und ohne allzuviel Mühe ein festes Haus errichtet haben. Derjenige aber, der auf Sand baut, wird länger und härter zu arbeiten haben und dennoch vielleicht niemals solch ein festes Haus besitzen wie sein Nachbar. Doch er weiß viel mehr über den Hausbau, und er hat mit den ihm zur Verfügung stehenden Mitteln weit mehr getan.

Genauso sind einige Leute von Natur aus athletisch gebaut oder sie besitzen ruhige, ausgeglichene Charakterzüge. Sie werden natürlich rasch gute Schwertkämpfer, oder sie verstehen ohne viel Anstrengung ein weises Leben zu führen.

Dies ist jedoch ein Geschenk der Natur und betrifft einen nicht. Du mußt dich mit dem Fortschritt beschäftigen, den du machst, denn das fällt in deine Verantwortlichkeit.

Du mußt lernen, auf den eigenen Fortschritt stolz zu sein. Seine Selbstachtung zieht man aus der eigenen Weiterbildung und nicht aus den Wechselfällen des Schicksals.

Wie lächerlich wäre es für ein Pferd zu sagen: »Oh könnte ich doch nur kämpfen wie ein Löwe !« Denn da, wo der Löwe kämpfen kann, kann das Pferd laufen. Jeder besitzt seine speziellen Talente und muß das Beste daraus machen. Dennoch darf das Pferd seine Kampffähigkeit nicht vernachlässigen, denn jedes Tier muß in der Lage sein zu kämpfen. Aber das Pferd kann treten statt beißen, und es kann im vollem Galopp mächtig nach hinten ausschlagen, eine Fähigkeit, von der der Löwe nicht einmal träumen darf. Auf diese Weise entkommt das Pferd dem Biß des Löwen, solange ihm das Schicksal gute Gesundheit schenkt. Und auch der Löwe ist nicht unsterblich, sondern eine leichte Beute für die kleine Tsetse-Fliege, die ihrerseits wiederum ihre eigenen spezifischen Fähigkeiten besitzt.

Entschlossenheit

Jeder Schwertkämpfer muß fest entschlossen sein, all das in seinen Kräften stehende zu tun, um den Gegner zu besiegen. Hat er sich einmal zum Kampf entschieden, dann gibt es für Zweifel keinen Platz mehr. Zwar wird er nicht immer gewinnen können, aber immer wird er sein Bestes geben können. Und gibt er sein Bestes, so wird er auch noch in der Niederlage Befriedigung verspüren können. In seinem Alltagsleben stellt er hoffentlich eine sanfte, gereifte, freundliche, liebevoll helfende Persönlichkeit dar. Ist der Kampf jedoch einmal unausweichlich, so muß er all seine Energie und Geschicklichkeit auf die Zerstörung des Gegners richten. Jedes bißchen weniger wird früher oder später zu seiner eigenen Niederlage führen. Er darf nicht zögern, zu schlagen und zu schlagen und immer wieder zu schlagen bis der Gegner kampfunfähig gemacht wurde.

In diesen Friedenszeiten sind unsere jungen Kämpfer nicht mehr hart genug. Sie zeigen sich viel zu früh gnädig, dann, wenn der Gegner noch gefährlich werden könnte. Sie müssen endlich wieder lernen, daß angemessene Gnade für einen verwundeten, aber noch gefährlichen Gegner ein schneller Tod ist. Haben sie sich mit ihrem eigenen Tod erst einmal abgefunden, wird ihnen der würdige Tod ihres Feindes nicht mehr brutal erscheinen.

Gnädig zeigt man sich vor dem Kampf, hat er einmal begonnen, existiert dieser Begriff nicht mehr. Wenn man sieht, daß der Kampf unvermeidbar ist, so muß man seine ganze Entschlossenheit entfesseln. Kein anderer Gedanke, kein anderes Empfinden bleibe zurück als das, den Gegner zu besiegen! Ist der Gegner schwach, so muß er erbarmungslos überwältigt werden. Ist der Gegner stark, so muß er mit der wilden Entschlossenheit konfrontiert werden, aus seinem kleinsten Fehler den größtmöglichen Nutzen zu ziehen, d. h. ihn zu besiegen. Irgendeinen Gedanken an die eigene Gefahr gibt es dabei nicht.

Am besten versetzt sich der Schwertkämpfer in die Rolle eines Lavaflusses, einer unwiderstehlichen Gewalt, die ungeachtet aller Hindernisse vorwärts fließt. Oder er möge sich vorstellen, er stünde mit seinem Rücken gegen eine feste Wand, gegen ein loderndes Feuer. Auf jeden Fall darf er keinen einzigen Schritt zurück tun! Man muß dem Gegner zeigen, und zwar ganz klar zeigen, daß jeder Angriff zunichte gemacht wird und jede Schwäche mit einer alles niederwalzenden Kraft beantwortet wird. Diese zermalmende, wilde, starke Kraft ist *Ki*.

Dieses »Nicht zurückweichen« ist eins der schwierigsten Dinge, die der beginnende Schwertkämpfer lernen muß. Er muß sich immer und immer wieder darin üben, niemals auch nur einen einzigen Schritt zurück zu tun. Ein erster Schritt zurück führt nämlich zum zweiten, und unter dem Druck des Ki seines Gegners wird er dann bald die Flucht ergreifen.

Einen großen Vorteil bietet hier das Training mit der Waffe. Diese Übungen sind so realistisch, daß man sehr gut lernen kann, auch unter Druck nie zurückzuweichen. Dieses wichtige Kampfverhalten scheint sich sogar bis zu den Barbaren herumgesprochen zu haben. Von ihnen habe ich nämlich folgendes erzählt bekommen: In einer weit entfernten Stadt namens Rom standen die Trainer der jungen Krieger (sie wurden als Gladiatoren bezeichnet) während des Trainings hinter ihnen mit Eisenstäben in den Händen. Die Spitzen dieser Stäbe waren erhitzt bis zur Rotglut. Auf diese Weise hatten die Gladiatoren mehr Angst vor dem, was sich hinter ihnen befand als vor dem Gegner vor ihnen.

Das wäre gar keine so schlechte Trainingsmethode für unsere jungen Samurai, um endlich einmal zu lernen, niemals einen Schritt zurückzuweichen. Aber man kann sich dies auch durch stetes

Angreifen und niemaliges Verteidigen aneignen. Dem weniger geübten Kämpfer erwachsen aus fortwährendem Angreifen noch andere Vorteile. Der Druck lastet so auf dem Gegner, und dieser ist gezwungen zu reagieren statt zu agieren. Ferner wird ihm jegliche Möglichkeit genommen, selbst eigene Angriffe aufzubauen.

Erst viel später wird der Samurai Verteidigungstechniken benützen können. Das wird dann sein, wenn sich sein Mut und sein Ki soweit entwickelt haben, daß durch einen Schritt zurück sein Ki keine Schwächung erleidet. Dieser Punkt wird allerdings erst nach Jahren harten Trainings erreicht. Dann wird er gelernt haben, daß, um der gegnerischen Attacke auszuweichen, ein Schritt zurück nichts anderes darstellt als einen Teil seines eigenen Angriffs. Anstatt nach vorne zu springen, um anzugreifen, springt er zurück, um anzugreifen. Sein Ki muß so stark sein, daß es bei diesem Sprung zurück unter dem Druck des Gegners weder erweicht noch nachläßt. Allerdings muß die Gegenattacke sofort erfolgen, und zwar in der gleichen Sekunde.

Nun zeigt die Erfahrung, daß sogar hartgesottene Schwertkämpfer zum Zurückweichen neigen, wenn sie sich einem überlegenen Gegner gegenübersehen. Deshalb können sich alle Krieger diesen so überaus wichtigen Punkt gar nicht oft genug ins Gedächnis zurückrufen.

Anfänger versuchen ihren Rückzug damit zu rechtfertigen, daß sie sich Dinge vorsagen wie etwa: »Aber ich muß doch zurückweichen, um die richtige Entfernung einzuhalten. Schließlich liegen im Nahkampf alle Vorteile beim erfahreneren Mann.« Die Antwort lautet natürlich, daß die richtige Entfernung von Anfang an beibehalten werden muß und nicht verloren werden darf. Sonst verhält es sich wie mit einem Schwert, das von einem Boot ins Wasser fällt. Es ist halt weg ! Der einzig richtige Weg zur Wahrung der korrekten Distanz ist eben der, den Gegner zum Rückzug zu zwingen. Dies bedeutet, anzugreifen, noch bevor die Distanz verlorengeht.

Hier ist ein ganz wesentlicher und grundsätzlicher Unterschied festzustellen zwischen unserer japanischen Art zu kämpfen und der Weise, wie sie die europäischen Barbaren pflegen. Die Barbaren meinen, daß vor einem Gegenangriff zunächst einmal der Angriff selbst pariert werden muß. Japanische Meister halten richtigerweise dagegen, daß man nur ein sehr schwaches Ki hervorbringt, wenn man sich immer nur auf Gegenangriffe besinnt. Sehr viel besser ist es, von Anfang an ein starkes und mächtiges Ki zu entwickeln und dabei sogar Verletzungen in Kauf zu nehmen.

Solchermaßen erworbenes Ki wird einem immer helfen, ganz gleich welche Waffe man in Händen hält. Genau dies ist es, was uns zu den wesentlich besseren Kämpfern hat werden lassen.

Die Europäer haben auch noch nicht den Vorteil des Trainings mit einem Bambusschwert erkannt. So üben sie mit ihren wirklichen Schwertern und Dolchen. Aber da sie ängstlich Verletzungen meiden, halten sie einen viel zu großen Abstand und verlassen sich viel zu sehr auf ihre Paraden. Zur Vermeidung von Verletzungen ist es aber viel besser, ein Bambusschwert zu benutzen. Die jungen Samurai können somit genauso hart miteinander kämpfen wie in einer richtigen Schlacht. Nur dann aber, wenn ich nicht immer wieder an meine Dekkung denken muß, werde ich schlachterprobte und situationsgerechte Schwerttechniken entwickeln können.

Der junge Schwertkämpfer muß sich also vor jedem Training immer wieder vorsagen: »Ich werde nicht zurückweichen ! Ich werde angreifen ! Ich bin fest entschlossen, meinen Gegner niederzukämpfen, und die Verletzungsgefahr wird mich nicht schrecken!« Dies ist der einzig richtige Weg, Entschlossenheit und starkes Ki zu entwickeln.

So ist nun auch zu verstehen, wieso tatsächliches, realistisches Kämpfen notwendig ist zur Entwicklung von Entschlossenheit und Ki. In einer streng festgelegten Kata, in der man selbst immer nur angreift und der imaginäre Feind immer nur verteidigt, gibt es natürlich nie Gelegenheit, auf den Gegner irgendwelchen Druck auszuüben. Und weiters ist so zu verstehen, wieso das Training hart, rauh, ja schmerzvoll sein muß. Niemals wird man Mut entwickeln und aufbauen können, wenn man ihn nicht tatsächlich einmal benötigt hat. Es ist sicher wichtig, sich vorzusagen: »Denke sehr, sehr mutig, wenn du jetzt diese Kata machst.« Aber solch ein »mutiges Denken« ist noch meilenweit entfernt von dem wirklichen Mut, den man sich unter Blut, Schweiß und Tränen erworben hat. Mut muß nun einmal unter realistischen Bedingungen entwickelt werden, wenn es wirklich richtiger Mut sein soll. Deshalb ist das Üben mit dem Bambusschwert wie mit der richtigen Waffe so unentbehrlich für die Entwicklung eines Kriegers. Eine geschickte Handhabung der Klinge ist nur ein ganz kleiner Teil hoher Kriegskunst. Weit wichtiger sind Ki, Mut, Entschlossenheit, richtige Entfernung, richtiges Ki-Kai und geistige Kontrolle. Beherrscht man diese

Dinge meisterhaft, so benötigt man lediglich zwei oder drei gute Schwerttechniken, um ein wahrhaft schrecklicher Krieger zu sein.

Entspannung

Ein geübter Kämpfer kann sich stundenlang schlagen, weil seine Muskeln nur dann arbeiten, wenn es nötig ist. Ein Anfänger kann nur ein paar Minuten kämpfen, denn seine Muskeln arbeiten die ganze Zeit. Im Dōjō sehen wir lange Reihen starker junger Männer, die einer nach dem anderen darauf warten, mit dem alten Meister kämpfen zu dürfen. Wenn es soweit ist, hat sich der junge Mann in 10 oder 15 Minuten bis zur Erschöpfung verausgabt. Dann muß er wieder zurück in die Reihe, bis ihn ein anderer Meister fordert und er sich von neuem verausgabt. Die alten Meister dagegen kämpfen stundenlang ohne irgendeine Pause. Wie ist es einem alten Körper möglich, so viel länger auszuharren?

Zunächst einmal: Der Meister ist mutig! Die Angst hat er zum Teufel gejagt. Der Meister hat gelernt, eine Verletzung ohne jede Angst oder Ärger hinzunehmen. Denn Ärger oder Zorn hat er ebenfalls zum Teufel gejagt! Die Kombination von Angst und Ärger aber kann die Ausdauer vollkommen zerstören.

Der Meister übt einen fortwährenden Druck auf den Gegner aus. Dabei ist er selbst jedoch vollkommen entspannt. Er hat gelernt, Deckungslükken sofort zu erkennen und nur echte Deckungslücken anzugreifen.

Der Anfänger dagegen muß die ganze Zeit angreifen, da er noch nicht gelernt hat, Deckungslücken zu erkennen. Der Meister behält die Distanz, die für ihn die vorteilhafteste ist und kann darüber hinaus aus fast jeder Distanz Vorteile ziehen. Der Anfänger kümmert sich noch nicht genügend um die richtige Distanz und ist sich deren Bedeutung gar nicht bewußt.

Der Meister kontrolliert auch das Ki-Kai. Ki-Kai ist die Wahl des richtigen Zeitpunktes, sich zu bewegen, nach vorne zu springen, zuzuschlagen. Diese Kontrolle des Ki-Kai ist äußerst wichtig, gestattet sie doch dem Meister, sich nur dann zu bewegen, wenn es vorteilhaft für ihn ist. Der Anfänger dagegen weiß nicht, wann es für ihn vorteilhaft ist, sich zu bewegen, und so bewegt er sich die ganze Zeit über.

Der Meister kontrolliert den Kampf geistig. Er entscheidet, was passieren wird. Die Ausfälle des Anfängers schrecken ihn nicht, und er reagiert jederzeit richtig. Nichts kann ihn überraschen, weil er auf alles geistig vorbereitet ist. Der Anfänger ist laufend überrascht, weil er gar nicht weiß, was er eigentlich tun soll.

Ganz offensichtlich bedeutet meisterliches Schwertkämpfen zugleich entspanntes Schwertkämpfen. Ein Meister hat einmal gesagt: »Wenn du mit derselben Gemütsruhe kämpfen kannst, mit der du ein gutes Mahl verzehrst, dann bist du wirklich ein Meister.«

Bedeutet dies, daß sich der Anfänger passiv und nachdenklich verhalten muß? Sicherlich nicht, denn es gibt keinen Abkürzungsweg zur Meisterschaft. Der Anfänger lernt, sich zu entspannen, indem er sich bis zur Erschöpfung darum bemüht. Er lernt Deckungslücken zu erkennen, indem er die ganze Zeit angreift und nicht, indem er abwartend danach sucht. Die richtige Distanz findet er, indem er aus allen möglichen Entfernungen angreift und nicht durch Zuhilfenahme eines Maßbandes. Ki-Kai lernt er, indem er jedes mögliche Ki-Kai ausprobiert, und nicht durch Theorie und Zusehen.

Meisterschaft und Entspannung können nicht erzwungen werden. Sie sind das Ergebnis langer, harter Arbeit mit Tausenden von Gegnern. Der Anfänger hat keine andere Wahl, als dieses harte Stück Arbeit auf sich zu nehmen. Selbstverständlich muß er dabei Panik und vor allen Dingen verspannte Muskeln vermeiden. Aber gerade seiner Entspannung kann er spezielle Aufmerksamkeit widmen, wenn er zwischen zwei Techniken die Grundstellung einnimmt oder wenn er alleine übt. Auch wenn man mit einem schwächeren Gegner kämpft, sollte man sich sehr sorgfältig und gewissenhaft darum bemühen, ganz entspannt zu sein. Die eigene Überlegenheit sollte einem zu dieser Entspannung verhelfen. Ja, selbst in den härtesten Kämpfen mit überlegenen Gegnern darf man nicht in wildes, überreiztes oder rauhes Kämpfen verfallen. Man verliert nur die Kontrolle und macht kaum Fortschritte. Um Fortschritte zu erreichen, ist es aber oft besser, gut zu verlieren, als schlecht zu gewinnen. Dies gilt natürlich nicht für einen richtigen Kampf. Den gewinne nämlich, egal wie !

Keiko (Partnerübungen)

All das, was ich bisher über Ki, Kraft, Entschlossenheit und Überwältigung des Gegners gesagt habe, soll seine volle Anwendung natürlich nur im richtigen Kampf finden und nicht unangemessen bei den Übungen im Training. Im Training hast du einen Partner und keinen Gegner. Beide Partner helfen einander, Fortschritte zu machen, um für einen richtigen Kampf gewappnet zu sein. Wenn jedoch die Übungen schon zu einem richtigen Kampf verkommen, dann haben sie keinen Wert mehr als Übungen. Der Hauptzweck der Übungen soll das Vervollkommnen der eigenen Geschicklichkeit sein und nicht die Niederlage des Partners. Jeder Teilnehmer muß in der Lage sein, bereits in den ersten Sekunden einer Übung die Fähigkeiten seines Partners abzuschätzen und daraufhin zu entscheiden, welche Art von Übung für beide Partner sinnvoll ist. Der fortgeschrittene Schwertkämpfer tut dies unbewußt, diejenigen mit weniger Erfahrung aber müssen diese Entscheidung ganz bewußt treffen.

In einem echten Kampf muß der geübtere Gegner unbarmherzig den weniger geübten überwältigen. Mit einem scharfen Schwert in der Hand ist nämlich jeder Mann gefährlich, und man sollte ihm keine Möglichkeit, auch nicht die leiseste, geben, einen zufällig geglückten Schnitt durchführen zu können.

Bei Übungen sollte jedoch der geschicktere Partner sein Gegenüber nicht überwältigen, denn von solch einem Kampf würde keiner profitieren. Er sollte vielmehr präzise, weite Techniken anwenden, mit denen er gegen gleichwertige Gegner in Schwierigkeiten geraten würde. In allem, was er tut, sollte er auf Präzision und Kontrolle nachdrücklichen Wert legen. Am besten verwendet er dabei idealisierte Techniken, die an Kata-Techniken erinnern. Der weniger geübte Partner bietet ihm eine erbärmliche Gelegenheit, seine Kraft und seinen Mut unter Beweis zu stellen. Er sollte diese Tugenden für diejenigen aufbewahren, die ihm überlegen sind. Der ungeübtere Gegner, der nun einmal schwächer ist, bietet ihm dafür die wertvolle Gelegenheit, seine technischen Fähigkeiten zu verbessern. Im Kendō sagen wir immer: ein starker Mann möge mit Frauen und Kindern üben, nur so wird er lernen, gut zu kämpfen, ohne von seiner Kraft und seinem Mut Gebrauch machen zu müssen. Diese beiden Eigenschaften kann er dann, wenn es einmal wirklich nötig ist, als Ergänzung seiner technischen Fähigkeiten einsetzen.

Überwältigt andererseits ein starker Mann einfach Frauen, Kinder und schwächere Gegner, so wird er keine Fortschritte machen, sondern lediglich unfair ausnutzen, was ihm die Natur geschenkt hat. Ferner wird er die Möglichkeit der eigenen Fortbildung auslassen, die ihm von schwächeren Gegnern geboten wird. Weiters macht er sich schuldig eines Verrats der fundamentalsten Grundsätze des Dōjō, dem der gegenseitigen Ausbildung.

Er frönt nur seinem egoistischen Selbstinteresse: der zweifelhaften Freude der Vernichtung eines schwachen Gegners zur eigenen Beweihräucherung.

Sieht der bessere Kämpfer, daß der schwächere Partner psychologisch und technisch eine etwas härtere Gangart verträgt, so kann er seinen Widerstand erhöhen, indem er gerade so kämpft, daß der Partner nicht mehr leicht damit fertig werden kann. Möchte der bessere von beiden Fortschritte erzielen, so muß er den Kampf so gestalten, daß alle Vorteile beim Schwächeren liegen — und dann trotz dieser Vorteile dennoch den Kampf für sich entscheiden. Er sollte großzügig (aber nicht gönnerhaft !) seinem Partner Punkte zukommen lassen, für sich selbst jedoch strengere Kriterien aufstellen, bevor er sich Punkte zugesteht. Wer immer aber auch gewinnen mag, dem geübteren Kämpfer gebührt das bessere Ki-Kai, das richtige Abstandhalten und die Entspannung, die daher rührt, daß er vor seinem Partner keine Angst hat.

Es ist ein ganz natürlicher und verständlicher Fehler, daß der weniger geübte, weniger kräftige Mann vor seinem besseren Gegner Angst hat. Diese Angst läßt ihn verspannt sein, und so kann er seine Möglichkeiten nicht voll ausschöpfen. In einem echten Kampf wird der bessere Kämpfer diese Fehler voll ausnutzen. In einem Dōjō jedoch sind alle Teilnehmer Freunde, die einander helfen, voranzukommen. Hier sollte man versuchen, die Angst des Partners zu mindern, indem man seine eigene großzügige Bereitschaft vorzeigt, zu kämpfen, ohne zu unlauteren Mitteln zu greifen. In einem Dōjō, wo die besseren Kämpfer die Anfänger nur als frisches Fleisch betrachten, das dem Kriegsgott geopfert wird, werden die Anfänger bald irgendwo anders hin zum Unterricht gehen. Die besseren Kämpfer aber werden nur wenig, wenn überhaupt einen Fortschritt erzielen.

Solch eine Einstellung muß vom Lehrer durch Erklärungen und Vorhaltungen ausgemerzt werden. Wenn es schließlich gar nicht anders geht und die schuldigen Mitglieder durch kein vernünftiges Argument dazu zu bringen sind, dem weniger

Geübten mehr Großmut im Kampf entgegenzubringen, so müssen sie aus dem Dōjō gewiesen werden. Solche Maßnahmen sind sehr schmerzhaft für den Lehrer, da Kraft und Mut Tugenden sind, die er stets gepriesen hat. Es ist aber die Aufgabe des Lehrers, eine Gruppe aufzubauen, in der die Leute miteinander daran arbeiten, das Können eines jeden einzelnen zu verbessern. Die Kampftechniken aller im Dōjō sollen gefördert werden und nicht nur die von einigen wenigen. Dabei könnten noch nicht einmal diese wenigen von wilden und brutalen Kämpfen profitieren, die keinerlei Verbesserungen der Technik bieten.

Weniger geübte Kämpfer sollten ihr Training mit geschickteren Partnern als willkommene Gelegenheit betrachten, die typische Anfängerschwäche des ängstlichen Zögerns zu überwinden und damit gleichzeitig ihre Verspannung lösen. Sie müssen stets angreifen, ihre Angst in Aktion umsetzen und bewußt die wohltuende Erregung nutzen, die die Angst löst. Der normale japanische Ausdruck für Feigling ist »Koshinuke« oder »ein Mensch, dessen Becken hinten nachhängt«. Dies rührt von der allgemeinen Tendenz ängstlicher Kämpfer her, die ihre Hüften nicht, wie es sein sollte, in einem vehementen Angriff nach vorne stoßen.

Der Anfänger muß sich vor diesem Widerstreben, »der Schlägerei zu frönen«, hüten und sich ohne jede Zurückhaltung in den Kampf stürzen.

Allerdings darf sich der Anfänger dabei nicht in hektischen Versuchen ergehen, die Entschlossenheit seines Partners beeinflussen zu wollen. Er darf keinesfalls jeden kleinen Schmerz mimisch übertreiben und so im Partner aufgrund dessen Attacke Schuldgefühle aufkommen lassen. Er muß lernen, Schmerzen, die nicht von einer ernsten Verletzung herrühren, als einen notwendigen Teil der Wesensart eines Samurai zu ertragen. Diese kleinen Schmerzen haben durchaus einen positiven Effekt. Sie geben ihm nämlich die Möglichkeit, seinen Mut weiter aufzubauen. Auf seine paar Quetschungen darf er schon stolz sein, aber er muß sie für sich behalten und darf sie nicht vorzeigen, um damit Mitleid zu erheischen. Er muß sich vorstellen, daß in einem richtigen Kampf der Gegner durch die Zurschaustellung einer Verwundung nur ermutigt wird, und deshalb muß er lernen, jedes Anzeichen von Schwäche zu vermeiden.

Obgleich er ein Anfänger ist, sollte er doch versuchen, die Rolle eines fortgeschrittenen Schwertkämpfers, das heldenhafte Ideal eines jeden Samurai, zu »spielen«. Diese Rolle muß er in jedem einzelnen

Kampf mit geschickteren Gegnern entschieden wahrnehmen. Allmählich und natürlich nur über viele Jahre hinweg wird er diese Rolle nicht mehr spielen müssen, sondern er wird sich selbst zu diesem furchtlosen Kämpfer gewandelt haben.

Keiko wird nur dann in eine Verbesserung einmünden, wenn es einen idealisierten Kampf darstellt, der so eng wie möglich an eine Kata angelehnt ist. Ein idealisierter Kampf setzt sich aus kontrollierten, präzisen Bewegungen zusammen, gleich ob es sich dabei um Schläge, Stöße oder Würfe handelt. Wilde und brutale Angriffe haben noch nicht einmal in einem wirklichen Kampf Platz. Sie bieten dem Gegner die Möglichkeit eines unverhofften Sieges und erschöpfen darüber hinaus den Angreifer viel zu rasch. Deshalb sollten die Teilnehmer in Vorübungen für den richtigen Schwertkampf einen genauen und sorgfältigen Gebrauch von all den Techniken machen, wie sie dann später auch tatsächlich vorkommen. Wenn sie schlagen, dann müssen sie weite, schnelle Bewegungen in perfekter Haltung durchführen, Bewegungen, die dann auch mit einem richtigen Schwert effektiv wären. Sie müssen sich ganz genauer Stöße bedienen, die nicht sinnlos vom Ziel abgleiten. Würfe müssen ihren Vorteil aus der schlechten Balance des Gegners ziehen und sollen ihn nicht nur von den Füßen reißen.

Eine sinnvolle Vorbereitung auf den richtigen Schwertkampf setzt sich aus solchen Bewegungen zusammen.

Die Kämpfer müssen auf schädliche Gewohnheiten achten, die einer wirklichen Verbesserung im Wege stehen. Gleichermaßen schädlich sind extrem kraftvoll durchgeführte Schläge und kleine, wenig kraftvoll durchgeführte Schläge. Erstere sind nicht schnell genug, zerstören die Balance und arten schließlich zu wilder Brutalität aus. Letztere, obwohl schnell, funktionieren nur mit einem leichten Bambusschwert und sind deshalb für den echten Kampf nicht zu gebrauchen.

Gleichermaßen schädlich sind auch brutal harte, ungenau durchgeführte Stiche sowie das Verbot von seltenen Stichen. Erstere verfehlen ihr Ziel, führen zu Angst und Verletzungen und hinterlassen ein schales Gefühl im Mund. Letztere »wünschen« ein ganzes Repertoire von Techniken hinweg. Diese Techniken kommen im echten Kampf jedoch stets vor und müssen deswegen gemeistert werden.

Gleichermaßen schädlich sind auch brutale, miserabel ausgeführte Würfe sowie das Verbot von Würfen. Die ersteren wirken nur gegen kleinere, schwächere Gegner und verursachen ihnen Verletzungen. Der Werfer erlernt schlechte Angewohnheiten und niemals, wirksam zu werfen. Letzteres ignoriert, ähnlich wie ich schon bei den Stichen ausführte, eine ganze Reihe von Techniken. Die kann man nicht bequemerweise fallen lassen, wollen die Krieger echtes Können für den wirklichen Kampf entwickeln. Für den Nahkampf sind diese Techniken nämlich von ungeheurer Bedeutung. Ein Kämpfer, der nicht meisterhaft Stiche und Würfe beherrscht, ist nur ein Kämpfer dritter Klasse.

Die Tatsache, daß wir für den richtigen Schwertkampf trainieren, soll keineswegs bedeuten, daß wir auch im Training alle möglichen schmutzigen Tricks zur Vernichtung des Partners anwenden. Wohl stellen einige schmutzige Tricks durchaus Bestandteile einer überlegenen Taktik im echten Kampf dar, aber das Training stellt keinen echten Kampf dar. Das Training dient der eigenen Verbesserung, nicht der Vernichtung des Trainingspartners. So müssen wir einige schmutzige Tricks, die sehr wohl die tatsächliche Kampfkraft steigern können, im Training verbieten. Wird dieses Verbot nicht ausgesprochen, so nimmt die gute Gruppenatmosphäre über kurz oder lang Schaden, und das Training entartet zu einem tierischen Streben nach Sieg und Rache. Aus diesem Grunde sollte man folgende Techniken verbieten:

— Stoßen oder Werfen des Gegners gegen eine Mauer oder gegen ein sonstiges unnachgiebiges Hindernis,
— plötzliches Reißen an der Klinge oder am Kopf (der Nacken mag für Würfe berührt werden),
— Schlagen, Stoßen oder Werfen mit der Absicht, Verletzungen zu verursachen,
— jeder offensichtliche Verlust von Selbstkontrolle, wie er etwa bei Beschimpfungen oder Beleidigungen des Partners zum Ausdruck kommt,
— wildes, unkontrolliertes Kämpfen.

All diese Techniken werden in Japan als »Hansoku« bezeichnet und, wenn sie im Shiai unter Streß durchgeführt werden, mit dem Verlust eines Punktes oder gar des ganzen Kampfes geahndet. Werden sie im Training regelmäßig angewendet, so kann dies zum Ausschluß aus dem Dōjō führen, da sie Geist und Wesen des Kendō Schaden zufügen.

Insgesamt sehen wir also, daß Keiko weder überwältigend noch unterfordernd wirken darf. Es sollte eine außergewöhnliche Erfahrung sein, die man hier sammeln kann, aber weder einen leichten Gewinn noch eine furchtbare Niederlage darstellen. Der fortgeschrittenere Kämpfer kann nur durch gleichwertige oder überlegene Gegner herausgefordert werden, bei schwächeren Gegnern möge er seine technischen Fähigkeiten weiter vervollkommnen. Es ist Unsinn, von der Unfähigkeit der Anfänger, die ihn herausfordern, enttäuscht zu sein. Wenn seine Technik nicht gut genug ist, einen Anfänger ohne Zuhilfenahme von Kraft und Mut zu schlagen, dann muß er seine Technik verbessern und darf nicht Zuflucht suchen zu Kraft und Mut. Sonst nämlich wird er zerstört werden, wenn er eines Tages auf einen Gegner trifft, der Kraft, Mut *und* Technik besitzt.

Das Verhalten im Dōjō

Sinn und Zweck des Zusammenzukommens im Dōjō ist, einander zu helfen bei der Erlernung der Kampfkünste und, letztendlich, bei der Bildung des Charakters. Gewisse Angewohnheiten, die außerhalb des Dōjō ganz normal sein mögen, sind in diesem Zusammenhang bei wechselseitiger Hilfestellung nicht sehr sinnvoll. Das Dōjō ist ein ganz spezieller Ort, bestimmt zu einem ganz speziellen Zweck und nicht irgendein alter Raum, in dem du tun und lassen kannst, was du willst.

Auf der eigentlichen Kampffläche, auf der Matte, sollten die Adepten der Kampfkünste tunlichst davon absehen, sich in Privatkonversation zu ergehen. Die Kampffläche ist ein Unterrichtsraum, und Privatgespräche lenken ab von den Ausführungen des Lehrers. Selbst wenn kein Unterricht erteilt wird, benötigt jeder Schüler Zeit und Ruhe, sich zu sammeln und sich auf die Herausforderung des Trainings vorzubereiten. Nichts darf ihn von dieser Aufgabe, der Vorbereitung auf Selbstdisziplin, ablenken.

Lehrer wie fortgeschrittene Schüler werden immer wieder Hilfestellung leisten oder Korrekturen vornehmen. In diesen Fällen sollte der korrigierte

Schüler nur »Danke« sagen und keinesfalls versuchen, seine Fehler zu rechtfertigen. Selbst wenn er überzeugt sein sollte, daß eine Korrigierung nicht sinnvoll war, sollte er sich stets die Zeit nehmen, über sie nachzudenken und ihre Verhältnismäßigkeit abwiegen. Fragt er stets zurück, oder sucht er sich immer wieder zu rechtfertigen, so wird der Erfahrenere irgendwann einmal aufhören, ihn zu belehren, und er wird auf sich selbst gestellt sein. Nun kann aber kein Mensch in seinem kurzen Leben ein System entwickeln, das dem überlegen ist, was Millionen Krieger über viele Jahrhunderte harter Kämpfe hinweg entwickelt haben. So auch hier: schon allein aufgrund der Tatsache, daß der Lehrer viele Jahre mit Experten zusammen trainiert hat, weiß er mehr als die Schüler. Dies muß sich der Schüler vor Augen halten und volles Vertrauen zum Lehrer entwickeln. In jedem Fall jedoch zeugt es lediglich von ganz normaler Höflichkeit, für Korrekturen bescheidenen Dank zu zeigen, viel mehr jedenfalls als eine unwirsche Reaktion, die zum Ausdruck bringt, daß Hilfestellung unerwünscht ist.

Im Dōjō herrscht eine ziemlich genau festgelegte Hierarchie über mehr oder weniger erfahrene Kämpfer. Dies ist keine künstlich aufgestellte Hierarchie, festgelegt etwa durch Alter, sozialen Status oder andere Zufälligkeiten. Natürlich darf der Erfahrenere diese Hierarchie keinesfalls zu seinem persönlichen Vorteil mißbrauchen. Andererseits darf der weniger Erfahrene ruhig etwas Bescheidenheit denen gegenüber an den Tag legen, die viele lange Jahre investiert haben, um ihr gegenwärtiges hohes Ausbildungsniveau erreicht zu haben.

Fortgeschrittene Schüler wie auch Lehrer sind für eine eingentlich fortwährende Erziehung der weniger Geübten verantwortlich. Diese jedoch müssen Vertrauen fassen und erkennen, daß die Lehrmethoden im Dōjō nur zu ihrem Besten sind. So ist es zum Beispiel für Anfänger wesentlich nützlicher, mit guten Kämpfern zu üben, als untereinander. Deshalb sollten sie auf einen Ruf hin sofort aufhören, miteinander zu kämpfen und willig die Chance nutzen, die ein Kampf mit einem erfahrenen Krieger bietet.

Hier ist aber auch der Lehrer gefordert, im Shiai für einen fairen, keinen von beiden begünstigenden Wettkampf zu sorgen. Seinen Anweisungen sollte man still nachkommen und dabei keine Unzufriedenheit zeigen. Ansonsten entwürdigt man das Shiai und läßt es zu einer Sache verkommen, in der die größten Schreier die Gewinner sind und nicht die, die die meisten Punkte gemacht haben.

Auch dem Lehrer bietet das Shiai die wertvolle Gelegenheit, jeden einzelnen Schüler genau zu beobachten und jede seiner einzelnen Techniken zu korrigieren. Wenn die Schüler jedoch über jede Korrektur in eine Riesendiskussion verfallen, so wird damit so viel Zeit verloren gehen, daß Puls und Atmung in ihren normalen Rythmus zurückkehren und der Aspekt des »praxisbezogenen Kampfes« verlorengeht. Insbesondere ist es nicht wünschenswert, daß die Teilnehmer von ihrem Wunsch nach Sieg übermannt werden, dabei ihre Selbstkontrolle verlieren und in verbotene Techniken flüchten. Eine der Hauptabsichten des Kendō ist es, eiserne Selbstdisziplin zu entwickeln und auch angesichts von Provokationen Ruhe und Würde zu bewahren. Wird ein Schüler ärgerlich und sucht, statt sich für den Verlust seiner Selbstkontrolle zu schämen, durch Wortklauberei und Gezänk, sich durch ein Abwägenwollen des Lehrerworts auf der Goldwaage zu rechtfertigen, so hat er das eigentliche Recht für die Teilnahme am Training im Dōjō verloren.

Aber nicht nur aus ethischen Gründen allein wird im Kendō ausdrücklicher Wert auf die Entwicklung der Selbstdisziplin gelegt, sondern auch weil Selbstdisziplin von wesentlicher Bedeutung für den richtigen Kampf ist. Natürlich wird ein

Schwertkämpfer, der seine Selbstkontrolle verloren hat und zur wilden Bestie wurde, einen feige eingestellten Gegner, der schon beim bloßen Anblick zusammenbricht, überwältigen können. Beherzte, disziplinierte Gegner dagegen werden ihren Vorteil zu nutzen wissen aus solch einem Rückfall in labberige Techniken und den vielen Öffnungen, die sich daraus ergeben.

Jeder japanische Schwertkämpfer lernt sehr früh in seiner Karriere, daß die Wut den Anfänger übermannt. Aber er lernt auch, daß dies nur dem erfahreneren Kämpfer in die Hände spielt, der, ähnlich einem spanischen Matador, den rasenden Bullen eiskalt vernichtet. Diese spanischen Stierkämpfer stellen physisch keinen Gegner für den Bullen dar. Dieser greift zwar mit tödlicher Entschlossenheit und unbegrenztem Mut an, ferner ist er zwanzigmal so schwer und stark. Aber der gewitzte Matador besitzt auch Mut und Entschlossenheit und darüber hinaus noch technische Fertigkeiten. So wird er kühl die Öffnung nutzen, die sich ihm bietet, wenn der Stier sein massiges Haupt zum Angriff senkt, und flink seinen winzigkleinen Säbel genau in die richtige Stelle senken. Dies beendet dann die mit überwältigender Kraft vorgetragenen Angriffe des riesigen Gegners.

Nun kann aber kein Mensch, gleich, was er von der Natur mitbekommen hat, erwarten, je den blinden Mut und die bullige Kraft eines kämpfenden Stieres entwickeln zu können. Aber jeder Mensch, der sich einmal dafür entschieden hat, auch unter Streßbedingungen seine präzisen Techniken durchzuziehen, kann darauf hoffen, die von dem kleinen Matador vorexerzierte kühle Exaktheit zu entwickeln. Der Kämpfer muß lernen, die Energie, die ihm seine Wut liefert, in geeigneter Weise einzusetzen und mit technischer Raffinesse freizugeben. So und nur auf diese Weise wird er lernen, seine naturgegebenen Kräfte bestmöglich einzusetzen. Kendō ist Schwertkampf, und das Schwert verlangt, genau wie der Bogen, nur eine ganz kurze Energiespitze, um lebenswichtige Bereiche des Zieles zu durchtrennen. Mehr Energie macht die Sache nicht besser. So etwas führt nur zu unkontrollierten Schlägen, die die eigene Balance zerstören und die Deckung für geübte Gegenangriffe weit öffnet.

Ein Schüler, der gewillt ist, um den Preis unerfreulicher Niederlagen in Shiai und Keiko technischen Fortschritt zu erzielen, wird sein Opfer nicht bereuen. Zu gegebener Zeit wird er der Stolz seines Lehrers geworden sein, der im Schwertkampf all die vielfältigen Möglichkeiten anwendet, die ihm gelehrt wurden. Die Schüler müssen genügend Geduld aufbringen, jetzt zu warten und erst später zu gewinnen. Ansonsten werden sie rasch ein Niveau erreichen, über das hinaus kaum Fortschritte zu erreichen sind.

Das Dōjō

Das Dōjō ist dem Samurai, was das Kloster dem Mönch. Es ist der Ort, wo er den Weg des Lebens, den er für sich erwählt hat, geht. Es ist somit ein Ort intensiver Arbeit an Geist und Körper. Betritt er das Dōjō und verbeugt sich, so sollte er zu sich sagen: »Ein ernstes Stück Arbeit liegt vor mir. Bei jeder Übung, in jedem kleinen Detail möchte ich meinen Mut und meine Technik verbessern.« Er sollte versuchen, im Dōjō die Grenzen seiner körperlichen und geistigen Belastbarkeit zu erleben. Gelingt ihm dies während des Trainings nicht, so hat er auch nicht das Recht, dem Dōjō befriedigt den Rükken zu kehren.

Es wird Fehler geben, die ihm sein Lehrer (Sensei) oder fortgeschrittene Schüler (Sempai) aufzeigen. Dieser Fehler muß er sich während des Trainings ständig bewußt sein, und er muß sich auf deren Vermeidung konzentrieren. Dies bedeutet, daß er ungeachtet seines Leistungsstandes nie seine Übungen automatisch durchführen darf. Nie sollte er dasselbe wie immer tun, sondern stets sollte er sich auf eine neue Stufe des Fortschritts konzentrieren. Das bedeutet aber nicht, daß ständig angespannte Muskeln und eine dramatisch abgezogene Show des »Ich will mich jetzt ganz wahnsinnig anstrengen« zum Erfolg führen. Nein, stets verlangt sind hier vollständige Entspannung und stille Konzentration auf wirkliche Verbesserung. Gefragt ist nicht der bloße Wunsch nach Verbesserung, gefordert werden vielmehr tatsächliche Fortschritte, gleich wie klein sie auch immer ausfallen mögen. Dieser Weg nach Vervollkommnung ist wie der von Edo nach Nagasaki. Marschiere ein paar Stunden täglich, und über kurz oder lang mußt du einfach dein Ziel erreichen. Natürlich haben einige etwas längere Beine, natürlich laufen einige etwas länger pro Tag. Doch selbst diejenigen, die nur 15 Minuten pro Tag marschieren, werden irgendwann dort ankommen.

Eine Person jedoch, die sich sagt: »Ich möchte morgen ankommen, oder ich fange erst gar nicht an zu laufen«, solch eine Person hat reichlich unreife und abstruse Gedanken über das Vorankommen. Ist man besessen vom Ziel, so wird man die Reise nicht genießen können. Voranzukommen auf seiner Reise, bedeutet nicht, so rasch wie möglich zu marschieren und sich dabei immer unbefriedigt zu fühlen. Es bedeutet vielmehr, Bäume und Vögel dabei zu beobachten, ungeachtet der Zeit, die darüber verstreicht.

Auf dem Weg des Samurai sind Bäume und Vögel die steten kleinen Verbesserungen, derer eine jede

Person befähigt ist. Lernt, Freude und Bestätigung aus jeder kleinen Verbesserung, aus jedem kleinen Schritt nach vorn zu schöpfen. Andere, die schneller gehen oder längere Beine haben, sind dazu berechtigt, früher anzukommen. Bei denen, die hinken oder die gern am Wegesrand sitzen und dem verträumten Murmeln eines Baches lauschen, sollte dies aber nicht zu einer Enttäuschung führen.

Auf der anderen Seite müßte man schon auch Freude darüber empfinden können, wie der eigene Körper hart arbeitet, wie er seine Grenzen ausschöpft, wie er schwitzt, und wie er sich abmüht. Auf jeder Wanderung sollte man sich — um der reinen Freude willen — darauf konzentrieren, sich einmal am Tag so richtig zu verausgaben und voranzukommen. Eine jede Person muß ihren eigenen Rythmus finden. Trägheit jedoch ist im Dōjō unangebracht. Ausgemerzt werden muß Laschheit, und nicht verzärtelt werden darf sie !

Die Atmosphäre in einem Dōjō sollte die einer Gruppe sein, die einander hilft, besonderen Herausforderungen zu begegnen. Ein jedes einzelnes Mitglied hat Anspruch darauf, in seinem Bemühen nach harter Arbeit und somit auch nach Fortschritt unterstützt zu werden. Dies soll nun wiederum nicht bedeuten, daß bestraft oder gezankt werden darf.

Für solche Regungen gibt es keinen Platz in einem Dōjō. Ist man aber gewillt, sich zu ändern, so muß es auch erlaubt sein, aus einem unangemessenen Verhalten die logischen Folgerungen zu ziehen. Sinn und Zweck der Gruppe ist es, geübte und beherzte Kämpfer auszubilden. Diesem Ziel sollten sich alle Mitglieder verschreiben. Diejenigen, die dies nur oberflächlich tun, müssen sich ändern oder gehen.

Jedoch muß die Atmosphäre im Dōjō als positiv empfunden werden, und dies sogar vom schwächsten Mitglied. Ein jeder sollte motiviert und zum Lernen ermutigt werden. Niemand darf als Strohpuppe betrachtet werden, als ein wehrloses Ziel, das einem hilft, noch härter dreinzuschlagen. Für Brutalität oder Gemeinheiten gibt es im einem Dōjō keinen Platz.

Allerdings neigt der Anfänger dazu, Leute, die er fürchtet, als »brutal« oder »gemein« einzustufen. Die Grenzlinie zwischen hartem Kampf, der einen voranbringt, und reiner Brutalität wird von den Verletzungen gezogen, die sich daraus ergeben. Gelegentliche Kratzer und Verstauchungen mag es geben, doch sollte das Training nicht zu einer ununterbrochenen Folge von Verletzungen führen. Wollen die Schüler jedoch ihren Mut stählen, und wollen sie realistische Techniken lernen, dann müssen sie auch bereit sein, kleinere Verletzungen, die nicht ihren allgemeinen Gesundheitszustand beeinträchtigen, hinzunehmen. Nur so werden sie lernen, daß die Belastbarkeit ihres Körpers weit über das hinausgeht, was sie in früheren, ängstlicheren Tagen gemeint haben. Ihre eindrucksvoll unter Beweis gestellte Fähigkeit, auch mit hartem Ungemach fertigzuwerden, wird sie darüber hinaus mit Selbstvertrauen und Befriedigung erfüllen.

Für Arroganz gibt es in einem Dōjō auch keinen Platz. Reife Leute sind nie arrogant, und Arroganz ist stets ein sicheres Zeichen von Schwäche. Auch der beste Kämpfer ist sterblich, muß Krankheit erdulden, kann geschlagen werden. Ein Samurai darf nie vergessen, daß er für sich beschlossen hat, das Kämpfen zu lernen, und daß sich andere Leute andere Ziele erwählt haben, die gleich viel gelten. Die Fähigkeit, gut zu kämpfen, macht noch keinen besseren Menschen, sie macht halt nur einen besseren Kämpfer. Es ist zwar durchaus möglich, das Dōjō als einen Ort der charakterlichen Bildung zu betrachten, doch solch eine Bildung kommt nicht automatisch und will liebevoll gepflegt sein.

Der Weg des Samurai ist keine Religion, der Lehrer kein Priester. Der Lehrer ist ein Mann, der hart arbeitet, um seinen Schülern das Wissen zu vermitteln, das er sich in seinem Leben voller Entbehrungen mühsam angeeignet hat. Schüler, die dem Lehrer seine dürftige Existenz, die er aus dem Unterricht bezieht, neiden, verraten nur ihren Geiz und ihre Undankbarkeit. Solche Schüler müssen ihre Entscheidung treffen: wollen sie am Unterricht im Dōjō teilnehmen oder nicht?

Wünschen sie dies, dann müssen sie auch bereit sein zu geben. Wollen sie weniger geben, dann müssen sie sich ein Dōjō suchen, das weniger bietet. Glücklicherweise ist diese Art von Schüler sehr selten in Japan, und die meisten Schüler zögern nicht, ihre Dankbarkeit zu bekunden.

Seit jeher ist der Sensei ein Asket, der auf jeglichen Luxus verzichtet, von der Armut jedoch verschont durch die bereitwillig gespendeten Gaben seiner Schüler. Diese haben nämlich erkannt, daß es für den Lehrer beschämend ist, hingehen zu müssen und persönlich den Beitrag einzufordern. Die Schüler nehmen nicht einfach, was der Lehrer ihnen gibt und gehen dann ihre eigenen Wege, darob vergessend seine Bemühungen um ihretwillen.

Das Dōjō wird als Schrein angesehen. In Übereinstimmung mit den Prinzipien des Shintōismus wird dies von den Schülern unterstützt, die sich nicht vor den täglichen Pflichten des Kehrens und Fegens drücken. Kein Schüler betrachtet dieses Symbol der Demut als Demütigung, als Beschimpfung seiner persönlichen Würde. Eher wären sie beschämt, hätte man sie dabei ertappt, daß sie weniger arbeiten als ihre Kameraden.

In Japan werden wirkliche Lehrer des Budō nach 15 bis 20 Jahren zum Sensei. Diese Zeit war mit mehreren Stunden harten und täglichen Trainings ausgefüllt. Die der Waffe anhaftende Tödlichkeit macht jedermann mit einem Schwert in der Hand gefährlich. Deshalb ist es für Schüler, die es an Bescheidenheit mangeln lassen, sehr unrealistisch, in die Rolle eines Lehrers schlüpfen zu wollen, nur weil sie gute Kämpfer geworden sind. Da klafft eine riesige Lücke zwischen der Fähigkeit, mit einem Bambus-Shinai zu kämpfen und der Fähigkeit, mit einem Schwert einen richtigen Kampf zu bestehen. Es klafft aber auch eine riesige Lücke zwischen der Fähigkeit zu kämpfen und der Fähigkeit zu lehren. Die langen Jahre der Erfahrung und harten, täglichen Trainings können nicht durch die bloße Ungeduld abgekürzt werden, die Rolle eines Lehrers übernehmen zu wollen. Der Weg zur Meisterschaft des Schwertes ist lang und hart, und selten ist der Schüler, der den Punkt erreicht, wo ihm weiterer

Unterricht nichts mehr bringt. Der japanische Schwertkampf blickt auf eine viele hundert Jahre währende Geschichte zurück, und die Erfahrung, die über diesen Zeitraum hinweg gesammelt wurde, läßt sich nicht in ein paar kurzen Jahren Unterrichts, denen noch wildes, unangeleitetes Kämpfen folgt, aneignen.

Die Grundprinzipien des geschickten Kampfes von Mann zu Mann kann man sich nicht intuitiv beibringen, indem man nur die Rüstung anlegt und dann drauf los schlägt. Die Natur hat dem Menschen den gewandten Umgang mit dem Schwert nicht in die Wiege gelegt.

Seit wir Japaner zum erstenmal von der Rangordnung am chinesischen Hof gehört haben, die durch farbige Hüte gekennzeichnet wird, haben wir übertrieben viel Wert auf Hierarchie gelegt. Im Dōjō sollte eine Rangordnung gemäß dem Können des einzelnen erstellt werden, nicht aber nach Vorliebe des Lehrers oder nach der Höhe des gestifteten Betrages.

Im Dōjō herrscht die echte Hierarchie des Könnens. Diejenigen, die schon größere Fortschritte gemacht haben, sollten jede Anstrengung unternehmen, um bescheiden und freundlich denen zu helfen, die noch nicht soweit sind. Die Empfänger solcher Hilfen sollten sich dankbar zeigen und nicht immer mit »Ja, aber...« antworten oder andere schwache Versuche unternehmen, um sich als gleichwertig zu zeigen. Tatsächlich sollte ein Rat im Dōjō lediglich mit einem »Danke Dir« beantwortet werden. Es gibt keinen Grund zu Diskussionen während des Trainings. Systematisches Aufbauen der Ausdauer wird durch Antworten eher gestört. Die Arbeit im Dōjō sollte aber zu einem schnellen Herzschlag führen mit so wenig Pausen wie irgend möglich. Ist eine Frage wirklich wichtig, dann kann man damit auch bis nach dem Training warten. Dann soll sie auch in aller Ausführlichkeit beantwortet werden. Da jedoch die meisten Fragen der (unbewußten) Bemühung entspringen, während des harten Kampfes, der harten Anstrengung Zeit zum Atmen zu gewinnen, hat der Fragesteller in aller Regel den »enorm wichtigen Aspekt« seiner Frage schon vergessen, noch bevor das Training beendet ist. Der Schüler, der sich durch hilfreichen Rat immer bedroht fühlt, sollte seinem Problem ins Gesicht sehen und sich ernsthaft fragen, ob er hier ist, um etwas zu lernen oder nicht.

Ein jeder Lehrer formuliert seine Ratschläge anders, da auch jeder Mensch anders ist. Oft erscheinen Ratschläge ziemlich widersprüchlich. Der Schüler sollte ernsthaft versuchen, einen Rat zu befolgen, bevor er ihn verwirft, ansonsten könnte er eine gute Gelegenheit sich fortzubilden versäumen. Nie sollte er sagen: »Aber Sensei XY hat gesagt. . .«. Er sollte die Anweisungen des Lehrers befolgen, mit dem er gerade übt, und dann wieder andere Ratschläge, wenn er mit einem anderen Lehrer übt.

Auf diese Weise wird er Gelegenheit haben, die für ihn wirkungsvollsten Techniken herauszufinden. Wenn der Lehrer aber sieht, daß seine Ratschläge nicht befolgt werden, so wird er natürlich auch keine weiteren mehr erteilen, und der Schüler muß die Konsequenzen tragen.

Der Schüler muß verstehen lernen, daß jede neue Korrektur seiner Techniken einem Baby gleicht, das so lange ein Hindernis darstellt, bis es ein eigenes Gewicht tragen kann. Jede Änderung alter Gewohnheiten führt zunächst zu einer gewissen Verschlechterung, bis sie sich endlich ihrerseits zu einer alten Gewohnheit ausgewachsen hat. Erwarte also nicht eine sofortige Verbesserung, wenn du eine Technik etwas anders durchführst. Erwarte eher, öfter einmal zu verlieren, bis du die neue Anweisung wirklich beherrscht. Schüler, die auf ihre Gangart eingeschworen sind, die jede Änderung wegen ihrer Unbequemlichkeit zurückweisen, die können damit auch jeglichen weiteren Fortschritt vergessen.

Schüler, die den Gewinn höher schätzen als tatsächliche Verbesserung, werden in den ersten Jahren öfter gewinnen. Sie machen jedoch weniger Fortschritte als die, die zu einer echten Verbesserung entschlossen sind, und entwickeln schlechte Gewohnheiten, die nur schwer wieder zu korrigieren sind. So sehen sie sich unüberwindbaren Schwierigkeiten gegenüber, wenn die »Verbesserten« den gerechten Lohn für ihre Mühe ernten. Der Schüler sollte versuchen, gut zu gewinnen und nicht nur zu gewinnen. Ein Sieg, erreicht mit schlechter Balance, Haltung und Technik, ist reiner Zufall oder Ergebnis einer mutig durchgeführten Aktion. Gibt sich der Schüler mit solch einem Sieg zufrieden, so kann er sicher sein, daß schlechte Balance, Haltung und Technik zu Gewohnheiten werden, die nur sehr schwer wieder abzugewöhnen sind. Will jemand wirklich vorankommen, so muß er bereit sein, eher mit guter Technik zu verlieren als mit schlechter Technik zu gewinnen. Dies verlangt viel Willenskraft, denn es ist nie erfreulich zu verlieren. Auf lange Sicht jedoch wird diese Einstellung zu einem sehr viel größeren Fortschritt führen.

Nach einigen Jahren der Übung ist der junge

Student in der Lage, die Alten oft zu besiegen aufgrund seiner jugendlichen Ausdauer und Reflexe. Wenn er dann glaubt, er könne von ihnen nichts mehr lernen, hat er sich für Weiterentwicklungen selbst den Weg verbaut. Er möge sich die alten Männer auf dem Höhepunkt ihrer Kampfkarriere vorstellen, und nicht, wie sie jetzt sind. Dann wird er einsehen, daß er sie eben gerade noch aufgrund ihres jetzigen traurigen körperlichen Zustandes besiegen kann. Er selbst wäre für sie aber keine große Sache gewesen, damals zu dem jetzt weit zurückliegenden Zeitpunkt, als ihre Körper ihnen noch erlaubten, wirklich all das anzuwenden, was sie gelernt hatten.

Ferner möge er sich vorstellen, wie er selbst einmal in 30 Jahren aussehen wird. Dann mag er sich fragen, ob er mit seinen verschlissenen Gelenken und erschlafften Muskeln so gut zu kämpfen vermag wie diese alten Männer. Zu dieser Einsicht gelangt, wird er freudig feststellen, daß er noch eine ganze Menge von diesen alten Männern lernen kann. Sie zum gegenwärtigen Zeitpunkt niederzukämpfen, besagt überhaupt nichts.

Aber auch ein fähiger Kämpfer muß von jüngeren Schülern lernen. Er sollte nicht zufrieden sein, sie von zehn Malen neun Mal geschlagen zu haben, sondern er sollte sich mit dem zehnten Punkt beschäftigen, den er verloren hat. In einem echten Kampf mit scharfen Schwertern könnte dies Punkt Nummer eins gewesen sein, und er wäre tot, besiegt von einem Anfänger.

In diesem Stadium dürfte es ein schwacher Trost für ihn sein, daß er dann die nächsten neun Punkte gemacht hätte, wäre der Kampf weitergegangen.

Er muß bereit sein, im Kampf mit einem weniger Geübten sich selbst Hindernisse in den Weg zu legen. So sollte er auf seine besten Techniken verzichten und nur diese benutzen, die er noch nicht so gut beherrscht. Dies gestaltet die Angelegenheit für beide Parteien interessanter. Der Ungeübtere ist nicht enttäuscht und der Geschicktere nicht gelangweilt. Auf diese Weise kann er vom Schwächeren viel lernen.

Seine eigenen Punkte muß er sehr kritisch beurteilen und die des Gegners höchst großzügig, will er Fortschritte machen. Er kann nur mit sich zufrieden sein, wenn er, ohne auch nur den geringsten Kratzer zu erleiden, klar und entschieden gewonnen hat. Es genügt nicht, »besser« zu gewinnen als der Gegner. In einem echten Kampf mit scharfen Schwertern hätte er dann nämlich überhaupt nicht gewonnen, denn sehr bald nach seinem Feind wird auch er sterben.

Das Tao

Die alten chinesischen Philosophen Lao-tzu und Chuang-tzu lehren uns folgendes: ein Wirbelsturm vermag mächtige Bäume zu entwurzeln, einem Grashalm jedoch vermag er nichts anzuhaben. Überwältigender Kraft muß also mit weicher Biegsamkeit entgegengetreten werden, so man ihr nicht gänzlich aus dem Weg gehen kann.

Die Weisheit des Tao ist weitgehend eine politische Weisheit. Sie rät dem Weisen, alle Wünsche bezüglich der Interessengebiete der Machthungrigen aufzugeben und so mit ihnen gut auszukommen. Dies ist ein unschätzbarer Rat für diejenigen, die friedvoll zu leben wünschen in einer Welt, die sich in einem steten Kampf um Land und Reichtum befindet.

Der Rat, nicht mit dem Kopf voran überwältigender Kraft begegnen zu wollen, kann auch für den Schwertkämpfer sehr nützlich sein. Er muß lernen, seine stärkste Kraft auf des Gegners schwächsten Punkt zu richten. Kraft, der er nicht widerstehen kann, muß er ablenken und zum Nachteil des Gegners nutzen. Er muß die Beherrschung von Harmonie und Disharmonie, von aktiver und passiver Beeinflussung erlernen.

Er darf jedoch nicht in die verführerische Falle tappen, die späteren Taoisten zum Verhängnis geriet. Diese Männer haben versucht, die wunderschönen Worte der alten Taoisten buchstabengetreu auf ein Gebiet anzuwenden, wo solch eine Anwendung mit Schwierigkeiten behaftet ist: dem Kampf von Mann zu Mann. Sie verfielen in Dogmatismus und bestanden darauf, daß man jeglicher Gewalt mit Sanftheit begegnen müsse. Vom rein ethischen Standpunkt aus betrachtet, ist dieses Prinzip sicher lobenswert. Wenn ein Kampf jedoch nicht mehr vermieden werden kann, so erweist es sich für die praktische Anwendung als zu theoretisch.

Sie haben Kampf-Techniken entwickelt, die fast ohne Ausnahme »Gonosen«-Techniken darstellen. Diese reagieren auf den Angriff des Gegners und funktionieren hervorragend, wenn man dem Gegner vorher gesagt hat, wie er angreifen möge. Für die wenigen Kampf-Genies, denen es gelungen ist, ihr enormes Naturtalent mit langer, harter Arbeit zu kombinieren, erweisen sie sich sogar als ausgesprochen nützlich. Solchen Männern erscheinen diese Techniken wunderbar, aber von solchen Männern findet man einen unter einer Million. Der Durchschnittskämpfer aber muß die Grundtechniken, wie richtige Entfernung, Ki-Kai, Mut und Entschlossenheit, üben und das Studium dieser so überaus wichtigen Grundlagen vorantreiben. Beginnt er jedoch sein Kampfstudium mit sehr weit fortentwickelten Techniken, die für den eventuellen Gebrauch einiger weniger Genies gedacht sind, so wird er niemals in der Lage sein, von dem Erlernten irgendwann einmal praktischen Nutzen zu ziehen. Er gleicht einem Barbaren, der chinesische Schriftzeichen hinkritzelt, ohne je die Sprache erlernt zu haben. Er kann zwar schreiben, weiß jedoch nicht, was die Worte bedeuten, wie sie auszusprechen, wie sie zu Sätzen zusammenzufügen sind. Die vielen Jahre langen Studiums verschaffen ihm vielleicht eine gewisse ästhetische Befriedigung, liefern jedoch keinen praktischen Nutzen. Die Aneignung ausschließlich von Fortgeschrittenen-Techniken lassen den Möchtegern-Kämpfer zwar einen schönen Tanz beherrschen, nicht aber eine wirkungsvolle Kampfmethode.

Natürlich, gute Menschen wollen andere Menschen nicht verletzen. Aber nur ein Genie vermag einen starken Gegner niederzuringen, ohne ihn dabei zu verletzen. Diese Fähigkeit, wenn sie schließlich einmal erlernt ist, besitzt man auf dem Höhepunkt seines Lebens. Bis dahin mußte man sich jedoch ganz ernsthaft mit dem Studium der Grundtechniken im harten Kampf auseinandersetzen und zahllose Gegner leider ab und zu verletzen.

Es ist verständlich, daß die Taoisten heutiger Tage eine Niederlage des Gegners nur mit moralischen Mitteln herbeiführen wollen. Niemand sollte dabei verletzt werden. Wir alle täten dies gerne. Aber dies sollte man vor dem Kampf versuchen, sei es mit überzeugenden Worten oder ausweichenden Taten. Hat ein Kampf mit einem starken und fähigen Gegner erst einmal begonnen, so kann er nur beendet werden, indem man den Angriff mit aller Entschiedenheit stoppt. Dazu benötigt man eine sehr gekonnte Anwendung der Grundtechniken. Nur wenn man diese harten Grundtechniken wirklich beherrscht, besitzt man die kühle Ruhe, die einem die Wahl einer weniger gefährlichen Technik erlaubt.

Ein ethischer Idealist mag aus moralischen Gründen nur Techniken lernen, die in seiner Hand nicht nur harmlos, sondern auch wirkungslos sind. So wird er seinen Gegner schonen, selbst jedoch verletzt oder getötet werden. Er hätte sich die Mühe harter Arbeit langer Jahre ersparen können. Einfacher wäre es gewesen, den Entschluß zu fassen, niemals bei einer gewaltsamen Auseinandersetzung Widerstand zu leisten. Besser, er bezeichnet seine Kunst als »Bewegungskunst« oder als »Gymnastik«. Nur so kann er vermeiden, gefährlichen Tagträumen nachgehangen zu haben.

Das Erkennen der eigenen Grenzen

Ein Schwertkämpfer mit einer richtigen und philosophischen Lebenseinstellung wird sein Leben nicht achtlos fortwerfen. Er ist entschlossen, beherzt zu kämpfen, wenn er dazu gezwungen wird. Stets aber wird er versuchen, Situationen, deren Lösung Gewalt erfordern, zu vermeiden. Den Bereich für seine Daseinsvorsorge schätzt er ganz sachlich ein. Für seine eigenen Ideen, seine Vorstellungen, seine Fähigkeiten und seinen Mut zeichnet er voll verantwortlich. Soweit es in seiner Macht steht, wird er versuchen, positiv die Ideen, Einstellungen, Fähigkeiten und den Mut derjenigen Personen zu beeinflussen, die sich seinem Einfluß öffnen. Er wird aber auch erkennen müssen, daß jede Person selbst verantwortlich für ihr Leben ist, und daß er anderen nur bis zu dem Grad, den sie zulassen, helfen kann. Die meisten Leute werden aber nicht gewillt sein, sich von seinen gutgemeinten Ratschlägen beeinflussen zu lassen. Sie werden dem Gebot ihres eigenen Gewissens folgen, gleich, ob richtig oder falsch. Somit müssen sie auch die Konsequenzen ihres Tuns und Handelns tragen.

Beschimpfen ihn andere Leute, oder sind sie ihm gegenüber unhöflich, so liegt für ihn dieses schlechte Verhalten außerhalb seiner eigenen Verantwortung.

Es liegt im Wesen eines tugendhaften Menschen, sich freundlich, höflich, hilfsbereit und offen zu zeigen. Andere ruinieren diese menschlichen Tugenden in sich. In ihrer Verwirrung sehen sie ihr flegelhaftes Benehmen als eine Tugend an. Aber sie schaden sich damit nur selbst. Der Fehler liegt bei ihnen, denn jeder Mensch trägt für sich seine eigene Verantwortung. Ein Samurai-Philosoph kümmert sich nur um seine eigene Reaktion auf Flegeleien anderer, nicht mit der Flegelei selbst, so schlimm sie auch immer sein mag. Reagiert er mit Ärger auf den Ausrutscher eines anderen, so hat er seine Selbstkontrolle verloren. Er hat gerade dann seine Fähigkeit, ruhig zu kämpfen, verloren, wenn er sie brauchte, und somit den Fehler der anderen Person zu seinem eigenen Fehler umgewandelt.

Die richtige Reaktion auf Beschimpfungen und Angriffe besteht in einer nüchternen Abschätzung dessen, was am besten zu tun ist: einen Verweis erteilen, die Flucht ergreifen oder den Kampf aufnehmen, je nachdem, was auf dem Spiele steht. Für einen Schwertkämpfer stellt Ärger niemals eine angemessene Reaktion dar, denn eine solche Reaktion wird immer seine Fähigkeit, gut zu kämpfen, beeinträchtigen. Er muß sich darin üben, kühl zu bleiben und in jeder Situation seine fünf Sinne beisammen zu haben.

Hat er Schwierigkeiten, seine Selbstbeherrschung zu bewahren, so möge er Provokationen aller Art als Gelegenheit betrachten, sich in Selbstbeherrschung zu üben. Dies bedeutet nun nicht, niemals auf Provokationen zu reagieren. Wenn man es aber tut, so wird man kühl und überlegt reagieren und nichts unternehmen, was man später einmal bereuen könnte. Natürlich soll niemand Konfrontationen herausfordern, nur um sich darin zu üben. Wenn sie aber einmal unausweichlich geworden sind, dann sollte man sie zu seinem Training zu nutzen wissen.

Man muß sich selbst gegenüber ehrlich Rechenschaft ablegen über seine verschiedenen Fähigkeiten und daraufhin die Taktik für kommende Konfrontationen festlegen. So versteht man aus seinen Stärken Vorteile zu ziehen und gleichzeitig seine Fehlerquote möglichst niedrig zu halten. Macht man beispielsweise gerne den Fehler, beim Gespräch mit flegelhaften und aggressiven Leuten nur allzuleicht in Rage zu geraten, so kann man sich zu der Taktik entschließen, auf Beschimpfungen dieser Leute nie mit Worten zu reagieren. Man nimmt ganz einfach die Grundstellung (Kamae) ein und wartet gelassen und voller Ki darauf, daß sie in den Bereich der tödlichen Entfernung gelangen. Dabei gibt man möglichst einfache Anweisungen oder Warnungen, ohne sich dabei zu Wortgefechten hinreißen zu lassen. Durch solch eine Reaktion auf Beleidigungen wird man selbst nie jemanden beleidigen noch glauben, sich selbst rechtfertigen zu müssen. Man sagt den Leuten nur ganz klar, wegzubleiben und ihn in Ruhe zu lassen. Man spielt ihnen auch nicht in die Hände, indem man sich in feindselige Diskussionen einläßt. Dies würde einen nur reizen und verrückt machen, so jedoch ist man damit beschäftigt, die rein physische Situation zu beherrschen.

Wenn man um seine Neigung zu unangemessenen Reaktionen und beleidigendem, aggressivem Verhalten weiß, so macht man am besten einen großen Bogen um betrunkene Samurai. Diese sind stets beleidigend und ergehen sich dabei in allen möglichen kindischen Versuchen, um auf andere oder sich selbst Eindruck zu machen. Beleidigendes Verhalten von Fremden betrifft einen aber überhaupt nicht. Kommt nun zum ersten Fehler der Betrunkenen — Beleidigungen nämlich zu einer Tugend zu erheben — ein zweiter, wesentlich schwerwiegenderer hinzu — die Verwechselung offensichtlicher Ruhe mit Feigheit —, so befinden sie sich in einem doppelten Irrtum, in den sie sich tiefer und tiefer verstricken.

Beleidigungen von Bekannten erteilt man bei

passender, späterer Gelegenheit ganz ruhig einen Verweis. Und zwar dann, wenn der Betreffende ausreichend Zeit gehabt hat, über sein Tun nachzudenken und es möglicherweise zu bedauern. Wird dies verabsäumt, und erträgt man solche Beleidigungen, ohne sie zu tadeln, so wird einem dies mit Sicherheit immer und immer wieder passieren.

Stets sollte man auch Ärger vermeiden, den man nicht mitverursacht hat. So freundet man sich beispielsweise nicht mit unreifen und aggressiven Leuten an. Diese sorgen nur allzuhäufig für Scherereien und blicken sich dann hilfesuchend nach einem um, wenn ihnen die Sache über den Kopf zu wachsen droht.

Man sollte auch vermeiden, Gruppen oder Parteien beizutreten, deren Vorhaben einen in eine Zwickmühle brächten. Nur allzu rasch könnte man sich nämlich gezwungen sehen, unschuldigen Menschen Leid zuzufügen und somit politischen Unternehmungen zweifelhaften Wertes zum Durchbruch zu verhelfen. Die meisten Gruppen und Parteien betreiben aber solch anrüchige Geschäfte.

Ein guter Schwertkämpfer ist so wohl gezwungen, ein Rōnin, ein einsamer Wolf zu bleiben. Man opfert zwar soziale Annehmlichkeiten für ein asketisches Leben in Armut, ein Leben, das einem jedoch erlaubt, sein eigener Herr zu sein. Vor allen Dingen kann man nicht von anderen, philosophisch weniger gebildeten Leuten beeinflußt werden. Der Preis für diese Freiheit ist Einsamkeit, ein Preis, den man um seiner eigenen Selbstachtung willen gerne entrichtet.

Bescheidenheit

Ein Samurai muß Selbstvertrauen und Entschlossenheit besitzen, aber er muß seinem Gegner gegenüber auch Respekt empfinden. Auch ein untrainierter Mann, normalerweise ein Feigling, kann in ausweglosen Situationen versteckte Reserven von Mut und Stärke an den Tag legen. So muß jeder Gegner mit grimmiger Entschlossenheit bekämpft werden, denn jeder Gegner kann gefährlich sein.

Will ein Samurai Fortschritte machen, so muß er bereit sein, seine Fehler und Mängel zu erkennen und sich mit großer Energie mit ihnen zu beschäftigen. Tut er dies nicht, so wird er sie übersehen und, nur aufgrund seiner technischen Fähigkeiten, stolz wie ein aufgeblasener Gockel einherspazieren. Es ist nicht unser Hauptlebenszweck auf dieser Welt, gute Kämpfer zu werden, sondern uns zu guten Menschen zu entwickeln. Dies verlangt Bescheidenheit, denn ohne Bescheidenheit sind wir blind für die zahllosen Gelegenheiten zur Vervollkommnung.

Er muß sich in Musha-Shugyō üben, wann immer es möglich ist. Das bedeutet, übers Land zu reisen und in vielen verschiedenen Dōjōs zu trainieren. Auf diese Weise wird er Bescheidenheit und Geschicklichkeit zugleich erwerben. Er wird sehen, daß fast jedes Dōjō über äußerst erfahrene Kämpfer verfügt, die oft besser sind als er. Was für einen Menschen gilt, das gilt auch für seine Mitmenschen, und was ein Mann fertigbringt, das bringen die meisten anderen Männer auch fertig.

Er wird sehen, daß er vielleicht zuhause in seinem kleinen Dōjō weit besser als die anderen war. Aber die Welt ist groß, und auf ihr gibt es zahllose Kämpfer seines Kalibers, und zahllose Kämpfer weit besser als er. Diese Erkenntnis wird ihm Bescheidenheit verleihen und ihn für weitere Fortschritte empfänglich machen. Er wird herausfinden, daß er die Möglichkeit, gegen tausend andere Gegner gekämpft zu haben, nutzen mußte, um gegen einen unbekannten Gegner richtig reagieren zu können. Trainiert er nur in einer kleinen Gruppe von Freunden, so mag er sie eines Tages alle mit Leichtigkeit schlagen, doch er seinerseits kann durch einen relativ ungeübten Fremden besiegt werden.

Wenn er sich das Ziel setzt, der beste Kämpfer in der Welt zu werden, dann ist er zum Scheitern verdammt. Ein Mensch ist sterblich, und früher oder später hat jeder Kämpfer Momente der Schwäche. Kämpfen wirkliche Spitzenkämpfer oft miteinander, so wird jedesmal ein anderer Mann gewinnen, da jedes Mal ein anderer Mann eine andere Schwäche zeigt. Er kann zufrieden sein, wenn er eine Stufe der Geschicklichkeit erreicht hat, auf der er niemanden fürchten muß, auf der er genauso gut gewinnen kann wie der andere auch, auf der kein Gegner des Sieges sicher sein kann.

Es stimmt, daß einige Helden gestorben sind, ohne in einem echten Kampf besiegt worden zu sein. Auf jedem Gebiet menschlicher Betätigung hat es Genies gegeben. Die perfekte Kombination von Übung, Mut, Taktik und Zufall mag es vielleicht einem einzelnen Wesen erlauben, jeden Kampf, den es eingeht, für sich zu entscheiden. Aber der Zufall spielt im Ausgang eines Kampfes immer eine Rolle. Das beste, was ein sterblicher Mann tun kann, ist, die Umstände zu seinem Nutzen zu beeinflussen, die er auch ändern kann.

Schlußwort

Ein Sprichwort im Zen besagt: »Einer, der weiß, redet nichts; einer, der redet, weiß nichts.« Schwertkampf ist nicht dasselbe wie Zen — doch obwohl es viele Dinge sind, die sich ein Schwertkämpfer selbst beibringen muß, gibt es trotzdem immer wieder Gelegenheiten, wo der Lehrer beim Fortschritt des Schülers mit sorgsamer Erklärung helfend eingreifen kann. Ich hoffe, daß es dieser kurzen Einführung in die allgemeinen Grundprinzipien gelungen ist, die Punkte zu erklären, die erklärt werden *können*. Ein folgendes Buch soll sich sehr viel eingehender mit dem Erlangen technischer Fähigkeiten auseinandersetzen.

Für einen Samurai ist es eine Selbstverständlichkeit, daß sein Leben der Aufgabe gewidmet ist, sich in den Kampfkünsten zu üben. Dies gilt auch für die Erweiterung, mit den Schwierigkeiten des Lebens ganz allgemein fertig zu werden. Andererseits hört man Leute, die diese neuesten Feuerwaffen aus Europa benutzt haben, immer wieder sagen: »In diesem modernen Zeitalter kann ein jeder für sich und seine Leibwächter Feuerwaffen anschaffen. Ein Mann muß schon ein romantischer Narr sein, um seine Zeit mit dem Erlernen dieser altmodischen Kampfkünste, deren Wirksamkeit mit den Feuerwaffen überhaupt nicht verglichen werden kann, zu verbringen. Es ist sicherlich besser, seine Zeit zum Erwerb von Geld zu nutzen, mit dem man dann noch mehr und mehr moderne Waffen anschaffen kann.«

Es ist richtig, daß Feuerwaffen sehr viel wirksamer sind als unsere althergebrachten Waffen. Aber die Übung mit einer Feuerwaffe besteht lediglich aus einer Feinabstimmung zwischen Auge und Zeigefinger — es ist langweilig und entwickelt weder Geist noch Körper. Ein Mensch vermag einen tödlichen Schuß abzugeben, und bleibt gleichzeitig doch ein erbärmlicher Feigling, in miserabler körperlicher Verfassung, unfähig, sich selbst zu kontrollieren oder sich eindrucksvoll mit seiner Umgebung auseinanderzusetzen. Weiters nimmt ein Erschießen des Gegners aus großer Entfernung das menschliche Element aus dem Kampf, was zu einem immer unbarmherzigeren Töten führt — eine Barbarei, die guten Menschen angesichts eines um Gnade flehenden Gegners verhaßt sein muß.

Das Üben mit den althergebrachten Waffen stellt dagegen eine faszinierende, unendlich abwechslungsreiche Kunst dar. Sie bringt dem Übenden ausgezeichnete Gesundheit, große Ausdauer, technische Fertigkeiten und, um nur einige wenige zu nennen, solche Tugenden wie Mut, Entschlußfreudigkeit, Belastbarkeit, Bescheidenheit und geistige Beweglichkeit.

Auch die wunderbarsten Waffen aus Europa helfen einem nur, wenn sie funktionieren und bei der Hand sind. Zahllose Schützen mußten zu ihrer Bestürzung lernen, daß eine nichtfunktionierende Feuerwaffe einen armseligen Holzknüppel zu einer schrecklichen Waffe geraten läßt, und daß ihre beiseite gelegte oder unter der Kleidung versteckte Waffe sie dazu zwingt, genau zu den Kampftechniken zurückzukehren, die sie in ihrem Übervertrauen zu solchen Dingen sträflich vernachlässigt haben. In Leben, Kampf und Tod ist der *Mann* wichtig, und seine Waffen spielen nur eine untergeordnete Rolle. Ein Kämpfer, der mit den althergebrachten Waffen vertraut ist, vermag auch mit den modernen Waffen besser zu kämpfen, und er kann sogar ohne Waffen ganz gut kämpfen. Ein Gewehrmann aber, der nur mit seinem Gewehr geübt hat, ist ohne dieses vollständig hilflos.

Dann gibt es noch die Idealisten, die uns erzählen, daß die Welt so viel besser sein würde, wenn wir nur all unsere Waffen niederlegten und jeglicher Gewalttätigkeit entsagten. Diese Leute haben recht — könnte dies Wunder nur erreicht werden ! Aber wenn auch nur ein Mann sich weigert, und höchstwahrscheinlich wird sich für jeden, der zustimmt, einer weigern — wo kommen wir dann hin? Die Schurken werden ein Monopol auf Waffen, Ausbildung und Gewalt haben; die guten Menschen aber werden ihre hilflosen Sklaven sein. Bei jeder Auseinandersetzung werden die guten Menschen immer die letzten sein, die tödliche Gewalt anwenden, und die ersten, die deren Folgen erleiden müssen. Man stelle sich nur einmal vor, was passierte, wenn ihnen die Anwendung von Gewalt noch nicht einmal zur Verfügung stünde!

So unvollkommen wie der Mensch nun einmal geschaffen ist, müssen wir leider in der Lage sein, uns derer zu erwehren, die sogar noch unvollkommener sind als wir. Erlauben wir uns, von undurchführbarem Idealismus, von Wunschdenken geblendet zu sein, so wird uns das rüde Erwachen, das solchem unausweichlich folgt, ganz unvorbereitet vorfinden.

Ein geübter Umgang mit Waffen, seien es europäische oder japanische, macht aus einem guten Menschen keinen schlechten. Die Waffe ist lediglich ein bloßes Werkzeug, das man dazu benutzen kann, Böses zu begehen — oder Böses zu bekämpfen! Wenn aber das Training gemäß den Richtlinien, wie sie in diesem Buch aufgelistet sind, durchgeführt wird, können gute Menschen besser werden, und vielleicht können sogar einige schlechte Menschen etwas weniger schlecht werden. Solch eine Verbesserung des Charakters soll für uns alle das Hauptanliegen darstellen.

Diese Verbesserung des Charakters rührt aber nicht automatisch von einer Beschäftigung mit den Kampfkünsten her, wiewohl es viele Lehrer gibt, die das Gegenteil behaupten. Das Training kann jedoch darauf abgestellt werden, gewisse Tugenden zu fördern. Am offensichtlichsten ist dies beim Mut der Fall. Ein Mensch, der lernt, sich geschickt zu verteidigen, wird auch mutiger. Aber schon von jeher war das Training im japanischen Schwertkampf darauf ausgelegt, Mut zu entwickeln. Nicht nur die Fortgeschrittenen werden ständig ermahnt, härter und mutiger zu kämpfen; auch den Anfängern wird beigebracht, rückhaltlos den Lehrer anzugreifen, und man setzt ihnen gerade soviel Widerstand entgegen, daß sie damit fertig werden können. Niemals werden sie vollständig überwältigt, und doch steigen die Anforderungen stetig; solchermaßen vermag ihr Mut zu wachsen gleich einer Pflanze unter der Sonne.

Die Schüler lernen, wie stetes Bemühen die Belohnung in Form des täglichen Fortschritts bereithält. Ganz am Anfang, wenn sie mit dem Training beginnen, werden sie wohl oft denken: »Das lerne ich nie. Diese Technik ist ganz und gar unmöglich!« In dem Maße jedoch, in dem sie mit ihrem Training fortfahren, werden sie im Umgang auch mit den Techniken immer vertrauter, die sie früher für unmöglich hielten. So lernen sie, niemals aufzugeben, sondern stets fortzufahren, und daß man solchermaßen einer jeden Herausforderung begegnen kann. Nach einer Reihe von Jahren werden sie feststellen, daß sie die Fähigkeit entwickelt haben, sogar den stärksten Gegner in seinem schwachen Moment zu besiegen, wenn sie nur ihr Bestes geben. Auf diese Weise entwickeln sie Selbstvertrauen und erkennen, daß sie keine echten Helden sind — nur sterbliche Wesen, die sich einer Aufgabe geweiht haben und unmöglich erscheinende Ziele erreichen können.

Andererseits lernen sie, daß, gleich wie hart sie trainieren, gleich wie gut sie geworden sind, ein Moment der Unaufmerksamkeit die Niederlage durch jeden anderen geübten Schüler bringen kann. Dies lehrt sie Demut und Bescheidenheit, und daß menschliche Wesen menschliche Grenzen haben.

Je geübter sie werden, desto mehr Freude gewinnen sie daran, anderen behilflich zu sein, ebenso geschickt zu werden — das Vergnügen, Wissen und Können zu teilen. Sie erfahren, daß sie nur so groß werden können wie die Herausforderungen, denen sie sich gegenübersehen; daß schwache Gegner keinen guten Kämpfer machen; daß sie selbst nur Nutzen davon haben, ihren Kameraden beim Besserwerden zu helfen. Dies läßt sie weniger selbstsüchtig und egoistisch werden.

Am wichtigsten ist jedoch für sie zu begreifen, daß der ärgste Feind in einem selbst steckt. Somit rührt die größte Belohnung daher, es sich zur täglichen Gewohnheit gemacht zu haben, diesen Feind zu besiegen, ihn bei jedweder täglichen Tätigkeit unter Kontrolle zu halten. Sie lernen, ihre eigene Charakter-Fortbildung als die einzig wichtige Aufgabe in ihrem Leben anzusehen und daß nur diejenigen wirkliche Zufriedenheit erlangen können, die sich dieser Aufgabe widmen. Allerdings darf ihr Geist nicht allzu leicht gesättigt sein, denn Sättigung kann zu Stillstand führen. Sie müssen ihren Geist öffnen und die Fähigkeit entwickeln, Fehler, für die sie früher blind waren, zu entdecken. Sie müssen lernen, daß Reife stete Belohnung mit sich bringt, das Endziel jedoch niemals erreicht werden kann — die größte Belohnung liegt im Suchen und Streben, nicht im Finden. In dem Maße zunehmender Reife wird auch das Bewußtsein für all die verbliebenen Schwächen zunehmen. Gleichzeitig werden sie aber immer besser mit ihren Schwächen umzugehen wissen, nachsichtiger werden und solchermaßen auch zufriedener.